권대봉 교수의 사회칼럼

청와대의 격

박영사

머리말

　제가 미국 대학에서 교직생활을 시작했을 때 받았던 처음 질문을 잊을 수 없는 것은 조국의 국격과 관계가 있기 때문입니다. 대학원에 강의를 하러 갔을 때, 나이가 꽤든 학생이 손을 번쩍 들었습니다. "GM에 근무하다가 대학원에 입학했습니다. 18세 때 한국 전쟁에 참전하여 서울 영등포에 주둔했는데, 그때 권 교수는 어디에서 무엇을 했습니까?"라는 질문이었습니다. 저는 "전쟁 중에 태어났습니다."라고 답변했습니다. 그 대학원생의 뇌리 속에는 육이오 전쟁 중의 한국만이 담겨 있는 것 같았습니다. 그 다음 주 수업시간에 제가 일했던 회사의 해외홍보용 비디오를 보여주었더니, 육이오 전쟁 정전 후 30여년 만에 한국이 이렇게 발전했느냐고 감탄하면서 자기의 참전을 보람 있게 생각한다고 말하였습니다. 비디오를 시청했던 대학원생들의 머릿속에 있던 대한민국의 국격이 함께 올라가는 순간이었습니다.

　아직도 한반도는 남북한이 군사적으로 대치하고 있는 정전상태입니다. 게다가 북핵 위기 속에서 미국과 중국 등 강대국들이 한국의

3

안보와 경제에 영향력을 발휘하고 있는지라 한국의 정치경제적 위상과 문화적 국격이 외교안보상 매우 중요한 요소로 작용할 수 있습니다.

도널드 트럼프(Donald Trump) 미국 대통령이 2017년 4월 12일에 월스트리트저널과 인터뷰 당시 4월 6일과 7일 이틀간 시진핑(習近平) 중국 국가주석과의 정상회담내용을 전하면서, "한국은 중국의 일부였다고 카더라."고 한 발언이 4월 19일에 공개되어 한국의 국격이 심각하게 훼손되었습니다. 그는 "(시 주석이) 한국과 중국 사이의 수천년 역사를 이야기했는데 전쟁이 많았다고 했다."고 전한 뒤 "이때 한국은 '북한'이 아니라 한반도 전체를 의미하는 것으로 '한국이 사실상 중국의 일부였다'고 했다."고 언론들이 보도하여 매우 심각하게 왜곡된 그들의 역사인식이 노정됐고 일파만파를 일으켰습니다.

청나라가 망하자 고종황제가 대한제국을 선포하고 독립국가의 천자가 하늘에 제사를 지내는 환구단을 지었습니다. 그 전까지는 제후국가의 왕이 땅에 제사를 지내는 사직단밖에 없었습니다. 천자국의 정자는 구각정이었고 제후국의 정자는 팔각정이었습니다. 아직도 남산이나 북악산에 오르면 구각정 정자가 없고 팔각정 정자 밖에 없습니다. 안타깝습니다.

더욱 안타까운 것은 국가원수 집무공간에 청기와를 덮고 이름까지 청와대로 지은 것입니다. 독립국인 천자국은 왕궁에 황기와를 사용할 수 있었습니다. 중국 북경에 있는 자금성의 황기와를 보면 알수 있습니다. 속국인 제후국은 황기와가 아닌 청기와만 사용할 수있었습니다. 청와대 터는 국가원수의 집무공간으로 적합하지 않다는 세간의 풍수이야기가 있지만, 청와대는 정치문화적으로 독립국가를 상징하는 황기와가 아니라 속국을 상징하는 청기와로 만든 공간이라는 것이 가장 큰 문제입니다. 역사적 사실을 간과한 정치문화적 성찰이 없는 결정이었습니다.

사람에게 인격이 있고, 나라에는 국격이 있으며, 국가 원수의 집무 공간에도 나름의 격(格)이 있습니다. 민간이 만든 한류바람이 중국과 일본은 물론 동남아와 중동을 넘어 전 세계로 뻗어나가고 있는데, 청와대 명칭은 아직도 정치문화적으로 속국의 상징인 청기와의 프레임에 갇혀 있습니다. 지금이라도 늦지 않다고 생각합니다. 나라의 국격을 올리기 위해서는 청와대라는 명칭을 역사박물관으로 보내고, 정치문화적으로 독립국가에 어울리는 새로운 이름으로 개칭하여 국가원수 집무공간의 격을 올려야 한다는 염원을 담아 사회칼럼집의 제목으로 정했습니다.

저는 2017년 12월 18일 고려대학교 운초우선교육관에서 열렸던 정년기념 강연에서 "오늘이 있기까지 10%는 제가 노력한 덕분이지만, 90%는 남이 도와준 덕분"이라고 말씀드린 바 있습니다. 그동안 기고했던 사회칼럼을 모아 이 책을 만들 수 있도록 도와준 연구실 제자들과 출판사 관계자들, 칼럼을 쓸 때 마다 원고청탁을 해준 신

5

문사와 담당기자들, 조언을 해준 친지들, 그리고 매서운 비판을 아끼지 않은 아내에게 감사의 말씀을 전하고 싶습니다. 새삼 제가 한 것은 10%이고, 남들이 도와준 것은 90%임을 실감하는 순간입니다.

2018년 2월

운초우선교육관 703호 연구실에서

정암(淨巖) 권 대 봉

차 례

● 청와대의 격(格)   13

● 시대에 맞는 '서(庶)·부(富)·교(敎)'의 구현   16

● 핀란드식 평등과 한국식 평등   18

● 국가경영의 아홉 가지 원칙   21

● 대통령과 스승과 부모의 공통 직분   24

● 좌뇌(左腦)와 우뇌(右腦)의 정치경제학   27

● 上자와 下자에 담긴 비밀   30

● 마음을 얻는 ODA와 마음을 잃는 ODA   33

● 수신제가(修身齊家) 치국평천하(治國平天下)   36

● 대통령 후보의 언어구사력   39

● 또 코와 귀를 베일 수 있다   42

● 개심(開心)과 개심(改心)을 해야 개헌(改憲)할 수 있다   45

● 대통령과 참모진에게 필요한 세 가지 교육   48

● 대통령의 하늘은 국민이고, 국민의 하늘은 의식주이다   51

● 천하유도(天下有道)와 천하무도(天下無道)   54

● 안정적인 교육개혁 방향과 방법   57

- 정부가 교육개혁을 완수하려면   60
- 고용시장의 지각변동을 예고하다   63
- 특성화高 지원한 우등생을 응원한다   66
- 안전·자유·행복의 헌법가치   69
- 역지사지(易地思之)의 횡단역량(橫斷力量)   72
- 동물국회·식물국회·인간국회   75
- 창의적 일터 문화를 만드는 7가지 가치   78
- 곤이불학(困而不學)의 우(愚)를 범하지 않으려면   81
- 사이버부대, 북한의 10배로 키워야   84
- 국가적 위기대응 컨트롤 타워   87
- 공직자들에게 역사교육이 필요한 이유   90
- 리퍼트 대사와 샴포우 사령관   93
- 액자 속의 비전을 액자 밖으로 끌어내려면   96
- 바꿀 역(易)과 쉬울 이(易)는 왜 같은 글자일까?   99
- 무신불립(無信不立): 신뢰가 없으면 바로 설 수 없다   102
- 국가 시스템과 교육·문화 함께 바꿔야   105
- 손자병법이 말한 '간첩의 다섯 가지 길'   108
- 벌모(伐謨)전략과 벌교(伐交)전략   111
- 노노(老老) 장장(長長) 휼고(恤孤)의 혈구지도(絜矩之道)   114
- 독도가 있어 한반도가 있다   117
- 무항산(無恒産)이면 무항심(無恒心)   120
- 정치인이 보여야 할 7가지 덕(德)   123
- 공무원 의식변화 교육 필요하다   126

- 청년에게 告함: 세상은 넓고 수명은 길다   129
- 각득기분(各得其分)의 능력중심사회   132
- 일자리 창출은 '인간안보'의 첫걸음   135
- 생태관광 활성화로 녹색 일자리 창출하자   138
- 일자리 없이 '세 잎 클로버'는 없다   141
- 고용노동부뿐 아니라 모두 고용 지향으로   144
- 인적 자본 세계 6위의 함정   147
- 기업에 통한 산학협력   150
- 고졸 취업 위한 인프라 구축하자   153
- 노사 공동부담·공동운영 교육을   155
- 100세 시대, 인생 3모작 준비   158
- 가르침으로 즐거움을 얻으려면   161
- 평생학습은 국가경쟁력의 바탕   164
- 깨끗한 공기, 맑은 물, 평생학습   167
- 학습인간의 진면목이 여기에   170
- 직업능력개발은 성장−분배 함께 이루는 길   173
- 홍익인간(弘益人間) 이화세계(理化世界)   176
- 軍인적자원개발 기대 커   179
- 국가관 교육, 안하나? 못하나?   182
- 여성임원 확대, 경력단절 문제해결이 관건   185
- 아이 사랑 위한 행복의 교육학   188
- 출산율 제고 위한 교육 개선 대안   191
- 中企 취업경력 청년에게 창업지원 우대하자   194

- 인(仁)의 리더십 197
- 新고졸인재시대 위한 입체적 전략 200
- 고급 두뇌 유출, 더 방관해선 안 된다 203
- 靑馬해에 '퀀텀점프(Quantum Jump)'하려면 206
- 교육－고용－복지 시스템 연동을 통한 사회안전망 구축 209
- 경제자유구역 국제학교 더 개방적으로 운영해야 213
- 기능올림픽 16번 우승 의의와 과제 215
- 청년근로층 감소, 세 가지 원인별 대책 218
- 고학력 일자리 미스매치의 5대 해법 221
- 학력 인플레 완화 위한 2가지 방안 224
- 새해, 오복(五福)을 짓는 방법 227
- 휴머니즘의 동물학 230
- 문화재 '魂' 살려야 문화융성 꽃 핀다 233
- '대추·밤·감' 주례사 236
- '대추·밤·감'의 문화적 해석 239
- 설날 차례(茶禮)상에 노잣돈을 올리는 까닭은? 242
- '창조의 시대' 꽃피우려면 자율문화는 필수 245
- 문화융성·관광대국·학교교육의 방정식 248
- 영의정·관찰사·도지사 251

청와대의
격

권대봉

지난 12일 예정됐던 남북 당국회담이 대표의 격(格) 때문에 무산됐다. 비록 회담은 무산됐지만 '형식이 내용을 지배한다'는 원칙적 대응으로 대통령에 대한 국민의 지지도가 상승한 것으로 나타났다. 격이 중요하다는 데에 동의하는 국민이 많기 때문이다.

회담 대표로서 장관과 국장의 정치적 격이 다르듯이 정자로서 팔각정과 구각정이 가지는 문화적 격의 차이는 엄청나다. 옛날에 독립국인 황제국은 구각정을 지을 수 있었으나, 속국인 제후국은 팔각정까지만 지을 수 있었다. 서울 남산과 북악산의 팔각정으로 인해 한국의 문화적 격이 떨어지지만, 대전 구봉산의 구각정이 문화적 체면을 살려주는 이유다.

정자보다 정작 더 문화적 격(格)이 영향력을 발휘하는 것은 국가원수가 거주하며 업무를 보는 공간의 명칭이다. 두 나라 모두 대통령중심제인 한국과 프랑스의 그것을 비교해보면, 한국은 청와대(靑瓦臺)이고, 프랑스는 '르 팔레 드 엘리제(Le Palais de l'Elysee

청와대의 격格

엘리제궁)'이다. 두 나라 모두 황제가 통치하는 제국(帝國)이 아닌 민주
국가이지만, 한국 국가원수의 역사적 공간은 대(臺)이고, 프랑스 국가
원수의 그것은 궁(宮)이다. 엘리제궁은 프랑스 현대사의 중심적 공간으
로서 국가적으로 중요한 정책 결정을 발표하므로 '정치 뉴스의 발원
지'라는 브랜드를 갖고 있다. 엘리제궁을 배경으로 한 정치 뉴스가 전
해질 때마다 궁이 가진 문화적 가치가 세계 각국으로 전해진다. 청와
대가 엘리제궁이 쏟아내는 만큼의 정치문화적 부가가치를 창출하고
있는지 재고해볼 필요가 있다.

청와대 이전의 명칭은 경무대(景武臺)였다. 경복궁(景福宮)의 '경'자와
신무문(神武門)의 '무'자를 따서 경무대라 칭했다. 이 터는 원래 조선
왕조시대에 문과시험과 무술대회 같은 국가적인 행사가 열렸던 장소
였다. 일제강점기에는 총독관저로, 광복 후 미군정기에는 미군정 장관
의 관저로, 독립 후에는 초대 이승만 대통령의 집무실 겸 관저로 사용
되면서 경무대로 불렸다. 1960년 4·19혁명에 의해 대통령중심제였던
이승만정부가 물러나고 내각책임제인 장면정부가 들어섰다. 내각책임
제하의 국가원수였던 윤보선 대통령이 1960년 12월 30일자로 경무대
가 독재정권의 이미지가 강하다는 정치문화적인 이유를 내세워 청와
대로 공식적으로 개명했다.

청와대로 개명한 연유는 "본관 건물에 '푸른 기와(靑瓦)'가 있고, 영
어로 'Blue House'이므로 미국의 대통령관저인 '백악관(White House)'
과 비견될 수 있다"는 윤보선 대통령의 의견을 따랐기 때문이다. 그렇
지만 공식적인 영어 명칭은 'Blue House'가 아니라 'Cheong Wa Dae'
이기 때문에 'White House'와 같은 격으로 대접받지 못하고 있다.

본관 건물을 지을 때 청기와를 사용한 것은 1897년 10월 12일 고종
황제가 대한제국(大韓帝國)을 선포했다는 사실을 간과한 패착이었다.

유학자인 금곡(金谷) 선생에 의하면, 독립된 황제국의 궁전 기와는 황금색을 쓸 수 있었지만 속국인 제후국의 궁전에는 푸른색만 쓸 수 있었고, 다만 왕의 용포만 황금색을 허용했을 뿐이었다고 한다. 동서를 막론하고 제국의 궁에는 공히 지붕에 황기와나 외벽에 황금색을 사용했다. 이런 정치문화적 속사정을 알지 못해 속국이 아니고 독립국이면서도 청기와를 덮고 청와대로 명명한 것은 명백한 문화적 오류였다.

문화적 오류를 바로잡는 것도 문화 융성 과업 중 하나다. 정부가 문화 융성을 4대 국정 기조의 하나로 내건 만큼, 국가원수 집무 공간 명칭의 문화적 격(格)을 바로 세울 필요가 있다. 문화적 격이 바로 서면 문화국가로 거듭나는 계기가 될 수 있다. '엘리제궁'이 주는 정치문화적 중량감을 보더라도 '청와대(靑瓦臺)'에서 청와(靑瓦)를 걷어내고 '대(臺)' 수준의 명칭을 그 이상으로 격상시킬 필요가 있다.

2013.06.24. 헤럴드경제

시대에 맞는 '서庶·부富·교敎'의 구현

논어 자로편에는 국정최고책임자의 책무가 '서(庶)·부(富)·교(敎)'라고 나온다. 서(庶)란 인구를 많이 늘리는 일, 부(富)란 일자리를 만들어 백성을 부유하게 만드는 일, 교(敎)란 교육을 말한다.

현대의 지도자들에게도 '서·부·교'는 현존하는 책무이고, 이는 직업능력을 통해 이룰 수 있다고 생각한다. 직업능력을 개발해야 일자리가 있고 좋은 일자리가 있어야 부유해지며, 좋은 교육을 잘 받아야 직업능력을 키우고 행복하게 살 수 있다.

직업능력은 전문역량과 개인역량의 합이다. 전문역량은 그 직을 수행할 수 있는 전문적인 지식과 기술이다. 개인역량은 남과 더불어 일하는 데 필요한 사회력과 스스로 학습하며 책임지고 일할 수 있는 자율성이다. 역량개발과 함께 반드시 갖추어야 할 것은 인간관 가정관 사회관 직업관 국가관 세계관 등 6관이다.

인구를 늘리는 '서'는 인간관 가정관 사회관과 직결된다. 학교는 물론이고 가정과 기업에서 교육을 통해 인간관 가정관 사회관이 형성되어야 한다. 가정은 원초적인 사회조직이고 기업은 국가의 근간조직이다. '부'를 쌓으려면 필요한 것이 직업관 국가관 세계관이다. 직업은 인간이 인간답게 살기 위해서 필요하다. 직업기술을 익힘과 동시에 직업의 가치와 직업의 중요성을 인지하여 뚜렷한 직업관을 형성하고 일자리에 임해야 한다. 중학생들에게 직업세계를 집중적으로 탐색하도록 하는 자유학기제가 고등학교 진학 전에 자신의 진로를 설계할 수 있도록 도와주는 것은 물론 바른 직업관을 형성할 수 있도록 운영되어야 하는 이유이다.

국가안보가 흔들리면 국민의 생명과 기업의 안전이 보장되지 않기 때문에 비즈니스가 불가능해진다. 따라서 바른 국가관 확립이 긴요하다. 또 우리는 세계를 무대로 뛰고 있기 때문에 세계관 역시 중요하다.

교육도 철학이 있는 교육으로 바뀌어야 한다. 한국직업능력개발원이 2009년에 국내 초중등학교 도덕, 사회, 기술·가정 교과서 총 102권을 분석한 결과, 교과서에 수록된 직업이 20가지가 넘지 않음을 발견했지만, 아직도 직업에 대한 가치관을 기를 만한 수준의 교과서 개선은 보이지 않고 있다. 정부는 매년 9월을 직업능력의 달로 정하여 국민들과 함께 직업능력의 의미를 되새기며 장려하고 있다. 하늘이 높고 자연이 결실을 맺는 계절을 온 국민이 자신의 능력을 풍성하게 채우며 시작하기를 기대해 본다.

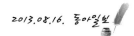

2013.08.16. 동아일보

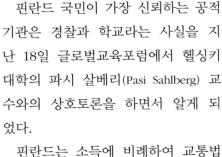

핀란드식 평등과 한국식 평등

핀란드 국민이 가장 신뢰하는 공적 기관은 경찰과 학교라는 사실을 지난 18일 글로벌교육포럼에서 헬싱키 대학의 파시 살베리(Pasi Sahlberg) 교수와의 상호토론을 하면서 알게 되었다.

핀란드는 소득에 비례하여 교통법규 위반자의 벌금을 부과한다. 소득이 많은 사람에게 벌금을 많이, 소득이 적은 사람에게 벌금을 적게 부과한다. 형평성에 방점을 찍은 핀란드식 평등이다. 한국은 소득에 관계없이 누구에게나 동일한 벌금을 부과한다. 한국식 평등이다. 소득에 따라 벌금을 부과하려면 개개인의 소득을 정확하게 파악하고 있어야 가능하다. 소득이 있는 국민은 누구나 모두 세금을 내는 곳이 핀란드이다. 근로소득자의 48.1%에게 면세혜택을 주는 곳이 한국이다. 2013년 기준의 OECD 자료에 따르면, 국내총생산(GDP) 대비 조세부담률이 한국은 24.3%이고 핀란드는 43.7%이다. 세금을 핀란드만큼 내자는 이야기는 빼고 복지를 핀란드만큼 해달라는 주장은 설득력

이 없음을 보여주는 통계이다.

핀란드식 교육평등은 학생의 능력에 따른 진로진학지도에서 찾아볼 수 있다. 9년제 기초학교(한국의 초등학교와 중학교를 통합한 의무교육기관) 졸업자의 50%가 일반계 고등학교로, 45%가 직업기술계 고등학교로 진학하고, 5%가 노동시장에 진입한다. 각 교사가 학생의 과목별 역량을 평가하지만, 고등학교 진학 결정은 기초학교 교사들이 공동으로 판정을 내린다. 판정을 학부모와 학생이 수용하는 것은 교사의 전문성을 인정하고 학교를 신뢰하기 때문이다. 핀란드 고등학교 졸업자의 60%가 대학에 진학하고 40%는 노동시장에 진입한다. 일반계 고등학교 졸업자는 대학으로, 직업기술계 고등학교 졸업자는 폴리테크닉(한국의 전문대학에 해당되는 응용과학대학)으로 진학하지만 교차진학도 가능하다. 핀란드는 고교나 대학에 진학하지 않고 일터로 직행한 근로자들의 직업경험을 인정한다. 전문가 자격을 부여하여 직업세계에서 인정받고 살 수 있는 멀티트랙을 운용한다. 재능이 서로 다른 사람들 간의 간극을 메워서 형평성을 제고하는 핀란드식 평등이다. 일터에서 삶의 경험과 전문성을 학력과 대등하게 인정하는 것이 능력사회를 만드는 원동력이 될 수 있다.

살베리 교수가 보여준 핀란드 기초학교 4학년 학생의 하루 시간표에 의하면, 8시 30분에 시작하여 45분 수업과 15분 휴식으로 다섯 과목을 오후 2시까지 수업한다. 귀가 후 30분 정도 학교숙제를 하면 나머지는 자유시간이다. 친구들과 같이 노는 것은 사회성 발달에 필요하지만, 홀로 노는 시간을 가져야 창의력이 발달한다. 혼자 놀아야 상상할 수 있고, 상상할 수 있어야 창의력이 발달할 수 있다는 핀란드 교육자들의 생각이 시간표에 나타난 것이다.

핀란드가 모든 교사 후보자에게 석사학위를 요구하는 것은 교실 현

장을 탐구하여 학생을 개별적으로 지도할 수 있는 전문적 역량이 필요하기 때문이다. 교실에서는 한 명의 학생이라도 낙오하지 않도록 교육하는 것을 평등이라고 생각한다. 그래서인지 핀란드에는 방과 후 사교육이 거의 없다. 한국 교실에서는 학업능력이 매우 다른 학생을 같은 반에 모아서 중간 수준으로 교육하는 것을 평등이라고 생각한다. 잘하는 학생은 지루하고, 못하는 학생은 따라잡지 못하게 된다. 수준별로 수업을 받을 수 있는 방과 후 학교 프로그램이나 학교 밖의 사교육을 찾게 만드는 요인으로 작용한다.

핀란드식 평등은 교육예산 편성에도 나타난다. 학급이나 학생 수를 기준으로 예산을 일률적으로 배정하지 않고, 서로 다른 정신적 신체적 조건을 가진 학생들의 니즈를 반영하여 예산을 책정한다. 각자의 재능에 따라 수월성을 제고할 수 있도록 예산을 형평하게 사용한다. 국민이 행복한 나라가 되기 위해 어떤 평등이 바람직한지 정부와 국회는 이해당사자들과 대화를 통해 합의점을 찾을 필요가 있다.

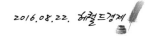

2016.08.22. 헤럴드경제

문재인 정부 장관후보자에 대한 인사청문회가 국회에서 열리고 있다. 천하와 국가를 다스리는 법인 '구경(九經)'이 중용(中庸)에 적혀 있다.

첫째, 수신(修身)이란 몸을 닦아 뜻을 성실히 하여 바른 마음으로 사물의 이치를 궁구하는 것으로, 수신제가치국평천하(修身齊家治國平天下)의 출발점이면서 아홉 가지 떳떳한 법의 근본이다. 대통령과 근거리에 있는 사람들은 국가안보와 국민의 생명과 안전을 책임지는 대통령의 수신을 방해하는 어떤 언행도 삼가야 한다.

둘째, 존현(尊賢)이란 학식과 덕망을 갖춘 현자를 존경하라는 것이다. 현자들 가운데 대통령 특보로 초빙된 이들이 있다. 이들의 말 한마디는 대통령의 발언에 버금가는 영향력을 발휘할 수 있다. 대통령과 생각이 다른 현자들과 더불어 의견을 나누는 것이 국정운영에 도움이 될 수 있다.

셋째, 친친(親親)이란 친척과 친하게 지내라는 것이다. 대통령이 친척에 사익을 챙겨주라는 뜻이 아니라,

국가경영의 아홉 가지 원칙

대통령이 친척과 친하게 지내는 모범을 보임으로써 모든 국민들도 친척과 친하게 만들라는 뜻이다. 사익을 위해 대통령 친척에게 접근하는 나쁜 이들을 차단해 친척을 돌봐야 한다는 뜻도 있다.

넷째, 경대신(敬大臣)은 대신을 공경하라는 것이다. 대신은 장관급이다. 예전에는 판서(判書)라고 불렀다. 판서는 판단해서 글을 쓰는 관직이다. 남이 써준 보고서에 의존하지 않고, 현장을 확인하고 판단하여 직접 글을 쓰는 판서처럼 일하는 장관이라야 공경을 받을 수 있다.

다섯째, 체군신(體群臣)이란 여러 공직자를 자신의 몸같이 보살피라는 것이다. 참여와 소통이 필수적이다. 예전엔 차관을 참판(參判), 국장을 참의(參議)라고 부른 것은 판서가 판단하는 회의에 참여한다는 뜻이 담겨있다. 공직자를 국사의 판단에 참여시켜야 소통하고 보살필 기회가 있다.

여섯째, 자서민(子庶民)이란 모든 국민을 제 자식처럼 귀하게 대하라는 것이다. 대통령을 지지하는 국민들은 물론 지지하지 않는 국민들도 귀하게 대하라는 것이다.

일곱째, 래백공(來百工)이란 각 분야의 기술인을 모아서 재능을 발휘하게 하라는 것이다. 4차 산업혁명시대를 맞이하여 미국은 디지털 트랜스포메이션, 일본은 로봇육성 신전략으로 국부 창출을 하고 있지만, 한국에는 구체적인 국가전략이 보이지 않는다. 기술인재를 모아 국가차원에서 대응할 필요가 있다.

여덟째, 유원인(柔遠人)이란 멀리 외국에서 온 이방인들을 관대하게 대우하라는 것이다. 외국인 관광객, 외국인 근로자, 한국인과 국제 결혼한 외국인, 외국인 교직원과 유학생 등 이방인들이 많다. 탈북자들도 많이 살고 있다. 이방인들도 각자의 꿈을 이룰 수 있도록 도와주는 교육과 사회 인프라를 구축할 필요가 있다.

아홉째, 회제후(懷諸侯)란 제후를 품는 것으로 오늘날은 밖으로 외국과 상생적인 외교관계를 유지하는 것이며, 안으로는 대통령이 소속 정당을 뛰어넘어 시·도지사와 협업하거나 야당과 협치하는 것이다. 야당은 국익차원에서 정부와 협력할 것은 협력하고, 비판할 것이 있다면 대안 있는 비판으로 생산적인 협치를 해야 한다.

대통령이 국가를 경영하는 아홉 가지 떳떳한 법을 잘 실천한다면 '나라다운 나라'가 될 수 있을 것이다.

2017.06.26. 헤럴드경제

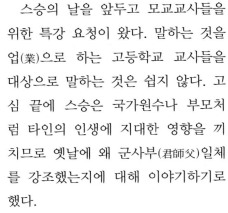

대통령과 스승과 부모의 공통 직분

스승의 날을 앞두고 모교교사들을 위한 특강 요청이 왔다. 말하는 것을 업(業)으로 하는 고등학교 교사들을 대상으로 말하는 것은 쉽지 않다. 고심 끝에 스승은 국가원수나 부모처럼 타인의 인생에 지대한 영향을 끼치므로 옛날에 왜 군사부(君師父)일체를 강조했는지에 대해 이야기하기로 했다.

임금 군(君)과 같은 의미로 쓰는 임금 왕(王)자를 파자(破字)로 풀어보면 군사부일체의 실마리를 찾을 수 있다. 즉, 통치자와 스승과 아비의 공통 직분이 소통(疏通)임을 알 수 있다. 글자 일(一)은 하늘을 뜻하고, 줄을 하나 더 그어 만든 글자 이(二)는 하늘아래 땅을 뜻하며, 하늘과 땅 사이에 있는 사람과 모든 생명체를 한 줄로 그어 표시하면 글자 삼(三)이 된다고 서당에서 배웠다. 하늘과 사람과 땅을 이으면 임금 왕(王)자가 되니, 왕의 직분은 하늘과 사람과 땅을 잇는 소통이다. 군사부일체라서 임금(君)의 직분이 소통이면 스승(師)의 직분도 소통이요 아비(父)의 직분

도 소통이다.

임금이 소통을 잘하면 백성이 잘 살고, 스승이 소통을 잘하면 학생이 잘 배우며, 아비가 소통을 잘하면 식구가 행복해지니 그 은혜의 정도가 같다는 것이 군사부일체의 진정한 의미이다. 그럼에도 불구하고 소통의 직분은 강조되지 않고 은혜만 강조된 감이 없지 않다.

소통의 관건은 관찰과 경청에 있고 소통의 이유는 돌봄에 있다. 소통을 잘하는 나라의 통치자는 백성들의 민생 현장을 살피고 민심을 들어서 그들을 잘 돌보았다. 소통을 잘하는 스승은 학동들을 살피고 목소리를 들어서 그들을 잘 돌보았다. 소통을 잘하는 가장은 식구들의 사정을 살피고 목소리를 들어서 그들을 잘 보듬었다.

옛날의 왕은 소통하기 위한 제도적 장치를 마련했다. 백성의 삶을 직접 살피기 위해 평상복 차림으로 민정시찰을 나갔다. 백성의 원통한 소리를 직접 듣기 위해 신문고를 설치했다. 왕이 직접 갈 수 없는 곳곳에 암행어사를 파견하여 목민관(牧民官)들이 백성을 잘 살피고 백성의 소리를 잘 들으며 그들을 잘 돌보는지 감찰을 했다. 대통령도 옛날 왕처럼 국민들과 직·간접적으로 소통하면 민심을 잘 파악할 수 있다. 조선시대의 사간원(司諫院) 역할을 하는 언론인들을 자주 만나서 귀에 거슬리는 쓴 소리를 많이 들을수록 국태민안(國泰民安)을 위한 인정예치(仁政禮治)에 도움이 될 것이다.

학교에서 교사들이 스승으로서 소통의 직분을 제대로 하고 있는지 성찰해볼 필요가 있다. 살레시오여고 교장수녀는 입학 전에 신입생들을 일일이 면담하여 그들의 목소리를 듣고, 삶을 살피며 마음을 나눈다. 교장이 신입생들과 직접 소통한 결과를 담임과 공유하여 계속 생활지도를 해 나간다. 소통의 직분을 제대로 수행하는 스승의 좋은 예이다. 가정에서 부모가 자녀들과 제대로 소통하려면 우선 부부가 잘

소통하는 모습을 자녀들에게 보여주어야 할 것이다. 자녀들과의 소통 역시 그들의 목소리를 듣고, 그들의 삶을 살피는 데에서 출발한다면 가족의 삶의 질을 높이고 행복해질 수 있다. 과학기술의 발달로 새로운 IT기술을 이용한 다양한 소통방법이 있지만 사람들은 여전히 사람과 사람의 면대면(面對面) 소통을 요구하고 있다. 소통을 잘하려면 눈으로 많이 살피고 귀로 많이 들어야 하지만, 입으로는 말을 적게 해야 한다. 눈과 귀는 각각 둘씩이나 입은 하나뿐인 까닭인지도 모른다.

대통령과 국민, 스승과 제자, 부모와 자식이 서로 소통을 잘 하려면 논어의 구사(九思)중에서 적어도 눈과 귀와 입에 필요한 삼사(三思)를 습관화해야 한다. 눈으로 볼 때는 사물이나 현상을 분명하게 보려는 생각을 하는 시사명(視思明)이다. 귀로 들을 때는 한쪽 이야기만 듣지 말고 전체 이야기를 귀담아 들으려는 생각을 하는 청사총(聽思聰)이다. 입으로 말할 때는 온 마음을 다해 충심으로 말하려는 생각을 하는 언사충(言思忠)이다.

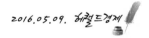

2016.05.09. 헤럴드경제

좌뇌左腦와 우뇌右腦의 정치경제학

좌뇌는 논리를 담당하고, 우뇌는 창의를 담당한다. 숲보다 나무를 먼저 보는 좌뇌 중심적인 사람은 근거와 이유를 중시하고 분석적이며 조직적이다. 나무보다 숲을 먼저 보는 우뇌 중심적인 사람은 직관과 영감을 중시하고 통합적이며 창조적이다.

법으로 폭력을 척결하려는 것은 좌뇌적 해법이다. 창의교육으로 폭력을 예방하려는 것은 우뇌적 해법이다. 대통령은 지난 14일 경찰대 졸업식에서 4대 사회악으로 규정한 성폭력·가정폭력·학교폭력·불량식품에 대한 좌뇌적 해법을, 이튿날인 15일에는 명신초등학교에서 학교폭력에 대한 우뇌적 해법을 요구했다. 창조경제의 원천이라는 창의교육으로 폭력 예방을 요구한 것이 돋보인다. 좌뇌와 우뇌의 정치경제학이 주목되는 대통령의 요구사항이기 때문이다. 지난 정부가 '학교폭력 예방 및 대책에 관한 법률'까지 만들어 시행 중이지만, 좌뇌적 해법은 여전히 갈 길이 멀다. 우뇌적 해법도 만만치 않다. 전통적으로 학교가 좌뇌 편중적인 교

육을 해오고 있기 때문이다.

갓 태어난 아기는 좌뇌가 발달되지 않아서 시간 개념이나 논리가 없어 보이고 말도 못한다. 아기는 감각적이고 감수성이 예민한 우뇌에 의존해 웃음과 울음으로 의사표시를 한다. 아기의 우뇌는 호기심으로 가득 차 있고 감각적 자극에 반응하며 개방적이고 창조적이며 자발적이고 자유롭게 표현한다. 취학 전 아동의 양쪽 두뇌는 대개 균형된 상태에 있다. 좌뇌는 '왜?'라는 물음표를 항상 달고 다니며, 우뇌는 상상과 환상의 호기심을 발동시킨다. 초등학교에 들어가면 전통적인 읽기, 쓰기, 셈하기 등 좌뇌 활동이 강조되나, 연극과 무용 등 우뇌 활동이 경시되는 경향이 있다.

중학교에 들어가면서 부모와 교사 그리고 사회가 좌뇌의 활동을 과다하게 요구하기 때문에 우뇌의 자아의식이 위협을 느끼게 된다. 중고생들은 어른들로부터 "자기 일에 자기가 책임을 져야 한다, 다가올 미래를 생각해 봐라, 공부 잘해라, 잘하는 친구를 봐라, 옷을 단정하게 입어라, 게임 좀 그만 해라"라는 좌뇌적 요구를 받고, "나는 제대로 해야 할 텐데"라는 강박관념 속에 갇히게 된다. 그들의 우뇌는 "답답하다, 탈출구가 없다, 왜 이렇게 안 풀리나, 되는 일이 없다"라는 스트레스에 직면하게 된다.

스트레스에 대한 반응은 도전과 도피로 나타난다. 긍정적인 도전은 올바른 길로 가는 약이 되지만, 부정적인 도전은 싸움으로 나타나고 도피는 가출과 자살로 나타난다. 10대들은 좌뇌와 관련된 것과 싸운다. 싸움의 대상은 학교, 부모, 교사, 규칙, 규정, 그리고 법이다. 이때 우뇌는 싸움을 부추기는 역할을 하게 되고, 싸우게 되면 일시적으로 자의식을 찾게 되는 것으로 착각한다. 10대들이 술과 담배에 손을 대는 것은 '어른이 술과 담배로 스트레스를 푼다면 나라고 안 될 이유가 없지'라는 생각에서 비롯된다. 술과 담배로 인해 좌뇌가 판단력과 논리력, 책임감을 상실하면 일시적으로 우뇌의 자아의식에 걱정이 사라지고 충동적으로 일탈하게 된다. 일탈하는 10대들의 좌뇌와 우뇌는 갈등한다. 좌뇌는 "나는 공부 잘하고 훌륭한 사람이 되어야 하는데"라고 하고, 우뇌는 "아무도 나를 알아주지 않는 것 같아"라고 갈등하기 때문에 학교와 지역사회에서 전문적인 상담활동을 제공하면 일탈을 예방할 수 있다.

드라마, 춤, 그림, 노래, 악기 연주 등이 활성화되면 창조, 상상, 영감, 개방을 주관하는 우뇌 활동을 키울 수 있다. 논리, 구조, 분석, 집중을 주관하는 좌뇌적 교과교육에 창의성을 일깨우는 우뇌적 교수학습방법이 도입되면 금상첨화다. 창의교육으로 이성과 감성의 균형, 말하기와 듣기의 균형, 비판과 수용의 균형을 이룬다면 폭력예방이라는 우뇌적 해법이 성과를 거둘 수 있을 뿐만 아니라 창의교육이 우뇌의 창의성을 개발해 창조경제의 원천으로 자리매김 될 수도 있다.

2013.03.25. 헤럴드경제

上자와 下자에 담긴 비밀

사람 인(人)자 밑에 한 일(一)자를 그으면 윗 상(上)자다. 밑에서 사람을 받들면 상수(上手)가 된다는 의미다. 사람 밑에서 사람을 받들면 정상에 우뚝 설수 있다는 암시를 주는 비밀이 상(上)자에 담겨 있다. 사람 인(人)자 위에 한 일(一)자를 그으면 아래 하(下)다. 사람 위에 올라타면 하수(下手)가 된다는 뜻이다. 사람 위에 올라 군림하면 아래로 추락할 수 있다는 암시를 주는 비밀이 하(下)자에 담겨 있다.

민주주의를 실시하는 나라는 선거에 의해 정권이 바뀐다. 호되게 시집살이를 당하는 것을 싫어했던 며느리가 시어머니가 되어 자신의 며느리에게 자신이 싫어했던 시집살이를 그대로 시키면 하수가 된다. 마찬가지로 여당이었다가 정권교체로 야당이 된 정당이 자기네가 여당이었을 때 싫어했던 야당의 행태를 반복하면 하수가 된다. 야당이었다가 여당이 된 정당도 자기네가 야당이었을 때 싫어했던 여당의 행태를 반복하면 하수가 된다.

고위공무원의 종류는 크게 두 가지로 나눌 수 있다. 직업공무원으로 늘 공무원인 '늘공'과 어쩌다가 공무원이 된 '어공'이 있다. 늘공들은 아래에서 위로 단계적으로 올라가서 고위공직자가 되지만, 어공들은 어느 날 갑자기 고위공직자가 된다. 늘공들은 입직시는 물론 단계마다 직무교육뿐만 아니라 각종 리더십 교육 프로그램에 참여하므로 공직자 마인드가 체화되어 있다.

그러나 어공들은 국회의원처럼 공직 입문 교육 없이 공직을 시작하기 때문에 고위공직자로서 마인드를 체화시키는 학습을 스스로 할 수밖에 없다.

대통령이 임명하는 정부 주요직에 늘공뿐만 아니라 어공이 된 새로운 인물들이 속속 등장하며 기대를 모으고 있다. 이들은 국가와 국민을 위해 일하겠다는 포부를 나름대로 밝히고 있다. 그들의 내정 소감 발표에 정부조직과 기업이 긴장하는 정도를 보면 그들이 가진 영향력의 세기를 가늠할 수 있다.

대통령에게 발탁되어 고위공직자로 일하게 되면 대부분 처음에는 스스로를 아래로 낮게 자리매김하지만, 끝까지 초심을 견지하느냐가 관건이다. 만약 초심을 견지하지 못하고 국민들 위에 군림하려 든다면 상수에서 하수로 전락할 수도 있다. 늘공이든 어공이든 고위공직자들이 상수로 남느냐, 아니면 하수로 전락하느냐는 오롯이 본인의 선택에 달려 있다.

상수가 되는 학습을 원한다면, 일독을 권하고 싶은 것이 대학(大學)에 기록된 혈구지도(絜矩之道)이다. 혈구지도는 "윗사람으로부터 싫었던 법으로 아랫사람을 부리지 말라는(所惡於上 毋以使下), 아랫사람으로부터 싫었던 법으로 윗사람을 섬기지 말라(所惡於下 毋以事上), 앞사람으로부터 싫었던 법으로 뒷사람을 앞서지 말라는(所惡於前 毋以先後), 뒷사

31

람으로부터 싫었던 법으로 앞사람을 따르지 말라(所惡於後 毋以從前), 우측에서 싫었던 법으로 좌측을 사귀지 말라(所惡於右 毋以交於左), 좌측에서 싫었던 법으로 우측을 사귀지 말라(所惡於左 毋以交於右)"다.

자신의 마음으로 타인의 마음을 헤아리고 재는 '혈구의 길'은 결코 쉽지 않다. 자신이 좋아하는 것은 남도 좋아하고, 자신이 싫어하는 것은 남도 싫어한다는 것을 알면서도 실천은 만만치 않기 때문이다. 늘 공이든 어공이든 혈구지도를 학습하고 실천한다면 상수(上手)로 공경을 받을 수 있다.

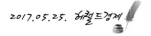

2017.05.25. 헤럴드경제

한국－베트남 직업교육훈련세미나 참석차 하노이에 갔을 때 직업훈련 센터를 방문한 적이 있다. 한국정부에서 기증한 것이란 증표가 붙어있지만 더 이상 쓸모가 없어서 방치된 직업훈련용 기계들을 보여 주었다. 한국이 원조 사후관리를 해주지 않는데 대해 서운한 마음을 넌지시 내비친 것이다.

"민중을 얻으면 나라를 얻고(得衆則得國), 민중을 잃으면 나라를 잃는다(失衆則失國)"라는 대학의 글귀는 국내정치에서 입증됐다. 국제정치도 이와 무관하지 않다. 원조를 주고도 그들의 마음을 얻지 못하면 낭패이다.

얼마 전 한 개발도상국 수도에서 열렸던 원조관련 회의에 정책자문 역할로 참석한 적이 있다. 원조를 주는 측은 제공자란 의미가 강한 도너(Doner)란 단어를 사용하자, 원조를 받는 측에서는 개발 파트너(Developing Partner)란 단어를 사용해 달라"고 요구해 이를 관철시켰다.

ODA(Official Development Assistance)를 문자 그대로 '공적개발원조'이므

마음을 얻는 ODA와 마음을 잃는 ODA

로 원조공여자가 스스로를 지칭할 때 '개발파트너'를 사용하는 것이 더 적절하다. ODA는 경제협력개발기구(OECD)의 개발지원위원회(DAC: Development Assistance Committee)에서 1969년에 새롭게 만든 용어로써 무상원조와 차관을 통칭한다.

최근 아시아개발은행과 스위스 정부가 지원하는 방글라데시 재무부의 '일자리 투자를 위한 기술역량 프로그램(SEIP: Skills for Employment Investment Program)'을 자문하기 위해 방글라데시를 방문했다. 다카에는 한국정부의 ODA로 방글라데시-코리아 기술 훈련센터(Bangladesh-Korea Technical Training Centre)가 운영되고 있다. 센터 관계자는 한국정부의 지원으로 설치된 훈련기계를 보여주면서, 방글라데시가 자체적으로 조달할 수 있는 책상마저 한국산으로 보낼 필요는 없었다고 아쉬움을 토로했다.

예전 세계은행(World Bank)이 지원하는 '스리랑카 기술 역량 개발프로젝트(Sri Lanka Skills Development Project)'에 참여할 때 방문했던 실론-독일 기술훈련원(Cylon-German Technical Training Institute)이 떠올랐다.

독일정부가 지원해서 건립된 이 훈련원은 학생들이 입학하면 공구를 다루는 기본교육만 1년간 실시한다. 졸업생들이 다른 어떤 훈련원 출신보다도 기본기가 뛰어나다는 평가를 얻고 있어 100% 취업을 자랑한다. 독일정부의 국제협력과 독일 교육의 우수성이 저절로 홍보되고 있었다. 아시아와 아프리카는 물론 남미의 개발도상국들은 경이적인 한국경제 발전의 견인차를 교육으로 파악하고 있다.

교육력이 탁월한 한국의 직업기술교육훈련 지원책은 ODA의 최적품이 될 수 있다. 독일처럼 한국의 교육부와 외무부가 긴밀하게 협업하여 특화된 직업훈련프로그램으로 브랜드 있는 국제협력을 추진하되 사후관리를 철저히 해야만 원조를 받는 이들의 마음을 얻을 수 있다.

2017.07.31. 헤럴드경제

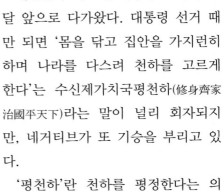

수신제가 修身齊家
치국평천하 治國平天下

대한민국 제19대 대통령 선거가 한 달 앞으로 다가왔다. 대통령 선거 때만 되면 '몸을 닦고 집안을 가지런히 하며 나라를 다스려 천하를 고르게 한다'는 수신제가치국평천하(修身齊家治國平天下)라는 말이 널리 회자되지만, 네거티브가 또 기승을 부리고 있다.

'평천하'란 천하를 평정한다는 의미가 아니다. 만인에게 공평한 기회를 주어 천하를 평평하고 고르게 만든다는 의미이다. 우리의 선조들은 평천하의 목적인 가지런하게 차별이 없는 고른 균(均)을 이루는(成) 것을 목표로 교육하는 곳을 성균관(成均館)이라고 명명하였다.

유권자의 표를 얻기 위해서는 국민과 국가를 위한 정책으로 정면승부를 하는 것이 원칙이다. 정책으로 승부를 하려면 정책지식에 대한 이치를 궁구(窮究)하는 격물치지(格物致知)와 성의정심(誠意正心)이 필수다. 대학(大學)에 아래와 같은 노하우(know-how)가 있다.

"사물의 이치가 이른 후에 지식이

지극해지고(物格而后 知至), 지식이 지극해진 후에 뜻이 성실해지고(知至而后 意誠), 뜻이 성실해진 후에 마음이 바르게 되고(意誠而后 心正), 마음이 바르게 된 후에 몸을 닦고(心正而后 身修), 몸을 닦은 후에 집안이 가지런해지고(身修而后 家齊), 집안이 가지런해진 후에 나라를 다스릴 수 있고(家齊而后 國治), 나라를 다스린 후에 천하가 고르게 평해진다(國治而后 天下平)."

지난 7일 플로리다에서 트럼프 미국 대통령은 시진핑 중국 국가주석과 회담하는 시간에 생화학 무기를 사용한 시리아를 폭격했다.

북한에 대한 경고이기도 하다는 견해가 있었고, 일본을 비롯한 외국 언론들이 북한의 핵 위협으로 인한 한국전쟁 가능성을 공공연하게 보도하는 상황이다. 국민이 원하는 것은 신뢰할 만한 국가안보정책이다. 고고도미사일방어체계(사드, THAAD) 배치에 대한 입장은 물론 앞으로 후보자들 사이의 토론을 통해 대북정책에 대한 소신을 명명백백하게 밝혀야 할 이다.

교육정책도 초미의 관심사이다. 교육행정에 대한 권한의 절반이상이 교육부에서 교육청으로 이관되었음에도 불구하고, 교육부의 존폐 여부가 선거 공약으로 나타난 것은 교육행정에 대한 국민의 신뢰가 문제라는 시각의 산물이다. 교육청의 교육행정은 신뢰할 만한지도 세밀하게 들여다 볼 필요가 있다. 교육행정과 지방행정의 통합이 난마같이 얽힌 교육문제의 실타래를 풀 수 있을지도 치밀하게 진단할 필요가 있다.

학력별 임금격차가 합리적으로 조정되면 과잉교육과 청년실업을 예방할 수 있으므로 교육정책과 고용정책의 연동에 관한 치열한 성찰도 필요하다. 25세부터 64세까지 근로자의 임금지수를 비교해보면 고졸자와 대졸자 사이의 임금격차가 과도함을 알 수 있다. 경제협력개발기구(OECD) 2014년 자료에 의하면, 한국의 상대적 임금지수는 고졸자 평

균 임금을 100으로 기준할 때 중졸이하는 74, 전문대졸은 112, 그리고 대졸은 145로 나타났다. 2016년 8월 통계청 자료에 의하면, 비정규직의 평균임금이 정규직 평균임금의 53.5%이다.

　모두에게 공평한 고용기회를 주기 위해 대통령 후보자들의 노동개혁에 대한 격물치지가 필수적이다. 정책에 대한 대통령 후보자들의 치열한 격물치지가 요구되는 시점이다. 인물과 정책에 대한 검증은 엄격히 하되 네거티브는 즉각 중단해야 한다.

2017.04.10. 헤럴드경제

대통령 후보의 언어구사력

대통령 후보의 말 한 마디에 지지율이 춤추는 선거의 계절이다. 언어는 모순된 양면성을 동시에 지니고 있다. 언어를 훌륭하게 구사하면 행운을 가져오지만, 잘못 구사하면 불행을 가져온다. 대통령 후보의 언어는 자기의 인품을 나타내는 잣대이며, 언어구사력과 협상력이야말로 선거판을 움직이는 원동력이다.

언어를 제대로 구사하기 위해서는 우선 유머를 사용할 줄 알아야 한다. 유머는 마음의 긴장을 풀게 해줘 사람들의 감정을 순화시킬 뿐만 아니라, 두뇌의 회전을 빠르게 해주므로 협상을 충실히 할 수 있게 해준다. 대화분위기가 어두울 때는 누구든지 이 어두운 분위기가 빨리 밝게 바뀌기를 바란다. 이때 분위기를 바꾸려면 적절한 유머가 필요하다.

선거운동이란 언어를 사용해 유권자를 설득하는 일이다. 정치적 이해관계가 얽혀 있는 유권자를 설득하는 일은 매우 어렵다. 유권자를 설득할 때, 자기 말을 제대로 하고 상대방 말을 경청하는 것도 중요하지만,

39

자기 의사를 글로 제대로 표현하는 것 역시 중요하다. 특히 소셜네트워크서비스(SNS)가 위력을 떨치는 지금은 간단한 글이 소통의 도구로 활용된다. 글은 간단명료하고 논리적이라야 한다. 언어구사력과 협상력은 사람을 대하는 태도와 자세가 진지해야 진가를 발휘할 수 있다. 인간은 남녀노소를 막론하고 남에게서 인정받고 싶어 하는 속성이 있다. 인정을 해주는 방법은 여러 가지가 있지만, 그 사람의 존재가치를 인정해주는 방법이 있다.

존재가치를 인정해주는데 능숙한 사람은 칭찬을 아끼지 않는다. 칭찬하는 사람과는 불필요한 분쟁을 피할 수 있다. 나아가 주요한 사람으로부터 칭찬을 받게 되면 세상에서의 존재가치를 느끼게 돼 칭찬해준 그 사람을 따르게 마련이다.

이와 관련해 필자가 쓴 〈글로벌인재의 조건〉에서 인용한 하버드대학의 로젠달 교수가 연구를 한 사례가 있다. 그는 연구생을 3개조로 나누고 실험용 쥐를 각 조에 나눠줬다. 그때 교수는 연구생들을 모아 놓고 제1조에 배당된 실험용 쥐들은 쥐들 중에서 가장 우수하고, 제2조에 배당된 쥐는 보통 수준이며, 제3조에게 배당된 쥐는 가장 우둔하다고 말했다. 그 후 연구생들은 6주 동안 동일한 조건에서 실험을 했다. 연구 결과 제1조에 속한 쥐들은 가장 우수한 행동을 했고 제2조에 속한 쥐들은 보통수준의 행동을 했으며 제3조에 속한 쥐들은 매우 우둔하게 행동했다. 사실 쥐들의 지능은 다 똑 같다. 천재 쥐, 보통 쥐, 바보 쥐가 따로 있는 것이 아니다. 그럼에도 불구하고 쥐들이 다르게 반응한 것은 실험에 참여한 연구생들의 언어와 자세가 달랐기 때문이다. 제1조의 연구생들은 교수의 말을 액면 그대로 믿고 쥐에게 언어와 태도를 통해 천재 대우를 해줬던 것이다. 제2조의 연구생들은 보통 쥐 대우를, 제3조의 연구생들은 바보 쥐 대우를 해줬기 때문에 쥐들이 그렇게 각각 반응한 것이다. 사람도 마찬가지이다. 내가 그들을 대하는 자세대로 그들은 행동한다.

만약 내가 협상테이블에서 상대방을 설득해야 할 입장에 있을 경우, 아무리 내가 말을 잘하는 달변가라 할지라도 상대방을 설득시키지 못한다면 나에게 협상력이 있다고 할 수 없다. 협상력을 갖추기 위해서는 상대방의 말을 경청해야 한다. 상대방은 자신의 이야기를 하나하나 수긍해주면서 열심히 들어주는 사람을 만나서 대화를 나누게 되면 매우 기뻐서 문제를 풀 수 있는 실마리를 제공해준다.

예를 들어 판매원이 아무리 유창한 말로 고객에게 물건을 판매하려고 해도 고객이 판매원을 상대해주지 않거나 최종적으로 물건이나 서비스를 구매하지 않는다면 판매원의 달변은 결과적으로 아무런 쓸모가 없게 된다. 그러므로 판매원은 고객이 맞장구칠 수 있도록 고객의 말에 귀를 기울이는 것 또한 매우 중요한 일이다. 이러한 이치를 알고 실천하는 대통령 후보가 국민의 선택을 받게 될 것이다.

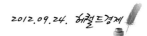

2012.09.24. 헤럴드경제

또 코와 귀를 베일 수 있다

오늘이 대통령 박근혜 탄핵심판 최종변론일이다. 조만간 결론이 날 전망이지만, 정치권과 시민단체들은 탄핵 찬반으로 갈려 있다. 광복 이후 좌우가 분열된 정치상황과 매우 유사하다. 권력쟁취를 위한 분열은 나라의 파멸을 초래한다. 여야 정당의 대선주자들을 비롯한 모든 국민들이 헌법재판소의 결정이 비록 자기 마음에 들지 않더라도 이를 담담하게 승복하여야 나라를 위기에서 구할 수 있다.

한반도는 국내적으로 분열할 때마다 주변 국가들의 침략으로 인해 국민의 생명과 재산을 약탈당했다. 올해가 정유년으로 일본군이 조선인의 코와 귀를 베어간 정유재란이 발발한지 420주년이 된다. 당시 일본은 정보정치공작을 통해 조선 정부의 내부분열을 유도하여 충무공 이순신 장군을 파직시키게 만들었다. 원균 장군이 칠천량해전에서 대패하자, 백의종군하던 이순신 장군이 복귀하여 명량해전과 노량해전에서 승리하면서 7년 왜란이 막을 내렸다.

한반도를 침공한 일본군이 조선의 양민과 군인을 죽이고 그 코와 귀를 베어 소금에 절여가지고 전공의 증거물로 일본으로 가져갔다. 교토(京都)시내에 코와 귀로 무덤을 만들어 처음에는 비총(鼻塚)이라고 불렀다가, 나중에 이총(耳塚)으로 명칭을 바꾸었다. 당시 일본군에게 살해되어 코와 귀를 베였던 조선 군인과 양민의 수는 무려 12만 6000여 명에 달했다. 교토시는 토요토미 히데요시를 받드는 토요쿠니신사(豊神社)에서 100미터 정도 떨어진 곳에 있는 귀무덤을 이총공원(耳塚公園)으로 조성했으며 일본의 사적으로 지정했다.

국익에 따라 한국과 중국과 일본은 7년 왜란을 각각 다르게 부른다. 한국은 일본인 왜국(倭國)이 임진년에 난을 일으킨 것이라 해서 임진왜란(壬辰倭亂)이라고 부르고, 정유년에 왜국이 다시 난을 일으킨 것이라 해서 정유재란(丁酉再亂)이라고 부른다. 당시 조선의 입장에서 보면 왜국이 반역의 난을 일으켰다는 표현이다. 그렇지만 중국은 왜국을 막아 조선을 도운 전쟁이라고 하여 항왜원조(抗倭援朝)라고 부른다. 명나라가 조선을 도왔다는 표현이다. 침략국인 일본은 일왕이 사용한 연호인 분로쿠(文祿 1592~1595년)와 게이초(慶長 1596~1614년)시대의 싸움이라고 하여 분로쿠게이초(文祿慶長)의 역(役)라고 부른다. 침략전쟁임을 감추고 그냥 싸움이라는 표현이다.

임진왜란과 정유재란으로 일본군에 의해 조선 백성의 인명이 살상당하고 재산이 약탈당했으며 전국토가 유린당했다. 권력쟁탈에만 몰입한 조선의 정치지도자들의 분열이 부른 참담한 결과였다. 영의정으로 7년 전쟁을 지휘했던 서애 류성룡 선생은 후대에게 역사적 교훈을 주기 위해 징비록(懲毖錄)을 집필하였다. 그럼에도 불구하고 후대의 정치인들이 국익을 우선하지 않고 당파의 권력쟁취를 위한 분열의 정치를 하여 나라를 일본에 강탈당해 1910년부터 1945년까지 일제강점기 35

년간 치욕의 역사를 겪었다.

주변국가의 국익 추구로 국제관계가 냉엄한 것은 예나 지금이나 마찬가지이다. 북핵 위협이 상존한 가운데, 두 동강난 한반도의 북쪽에서 쏘아대는 미사일을 방어하기 위한 고고도미사일방어체계인 사드(THAAD)의 한국내 배치를 중국과 러시아가 반대하고 있다. 중국은 한류문화를 차단하고 통상압박을 가하고 있다. 한국영토인 독도의 영유권을 주장하는 일본의 아베정부가 전쟁할 수 있는 나라로 부활하려고 있다. 정유재란에 조선 백성의 코와 귀를 베어갔던 자는 일본군이고, 일제강점기에 소녀들을 위안부로 끌고 갔던 자도 일본군이지만, 그 원죄는 당시 권력투쟁에 몰두했던 분열된 조선의 정치지도자들에게 있다. 420년의 세월이 흘렀지만 한반도에는 격동과 혼란의 역사가 되풀이 되고 있다. 지금은 왕조시대도 제국시대도 아닌 민주시대이다. 나라의 주인인 국민들이 정신을 바짝 차리지 않으면 어떤 형태로든 또 코와 귀를 베일 수 있다.

2017.02.27. 헤럴드경제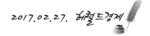

북한의 핵위협이 심각한 가운데, 중국과 일본의 노골적인 자국 이익 챙기기로 인해 한국은 외교안보위기를 맞고 있다. "나라가 위태로울 때 자기의 목숨을 바치는 견위치명(見危致命)과 얻을 것을 보았을 때 의로운지 생각하는 견득사의(見得思義)"를 해야 선비라고 논어의 자장 편에 적혀 있다. 심보를 똑바로 써야 선비라는 말이다. 견득사의하지 않고 일제에 나라를 팔아먹은 가짜 선비도 있었지만, 조국의 독립을 위해 일제에 항거하며 견위치명을 실천한 진짜 선비도 있었다.

바로 국가보훈처 광복회 독립기념관 공동으로 1992년부터 매년 선정하는 '이달의 독립운동가'이다. 2017년 1월부터 12월까지 각각 이소응 의병장, 몽골의 슈바이처 의사 이태준 선생, 33인 민족대표 권병덕 선생, 이상정 임시의정원 의원, 소파 방정환 선생, 장덕준 순국기자, 안중근 의사의 모친으로 임시정부 경제후원회 위원 조마리아 여사, 김수민 농민의병장, 고운기 한국광복군 제2

개심開心과 개심改心을 해야 개헌改憲할 수 있다

지대장, 채상덕 만주독립군 의군부 총장, 이근주 의병장, 김치보 러시아 대한노인동맹단장이 선정되었다.

'이 달의 독립운동가'를 선정만하고 말 것이 아니라 정치 경제 사회 각계각층의 지도자들이 독립운동가의 견위치명과 견득사의 정신을 배운다면, 위태로운 나라를 지키고 발전시키는 리더십의 원동력이 될 수 있다. 지금 한국은 탄핵정국으로 인한 국정공백으로 국익이 위협받고 있다. 부통령이 없는 대통령제를 시행하는 한국의 경우, 대통령이 유고이면 즉각 승계하는 제도가 없고 2개월 내에 선거를 통해 다시 선출하게 되어 있다. 국정 최고책임인 대통령직을 국무총리가 단지 대행할 수 있을 뿐이며, 온전한 권위를 가지고 신속하게 대통령직을 승계할 수 있는 규정이 헌법에 없다. 헌법의 중대한 하자이고, 개헌이 필요한 명백한 이유이다.

대통령제를 시행하는 미국의 경우, 대통령이 유고이면 즉각 부통령이 대통령직을 승계하여 잔여 임기를 채우기 때문에 국정공백이 없다. 케네디 대통령이 암살된 후 존슨 부통령이 대통령직을 승계하였고, 닉슨 대통령이 워터게이트로 사임한 후 포드 부통령이 대통령직을 승계하였다. 의원내각제를 시행하는 영국과 일본의 경우, 다수당의 당수가 총리로서 국정을 총괄하기 때문에 총리가 유고이면 즉시 총리를 뽑을 수 있다.

헌법재판소에서 대통령 박근혜의 탄핵안에 대한 재판이 진행되는 가운데, 지난 5일 국회 헌법개정특별위원회가 1987년 이후 30년 만에 처음으로 개헌 논의를 시작하였다. 1987년 이후 예외 없이 역대 대통령의 측근비리가 발생하였고, 급기야 최순실 국정농단 사태가 발각된 이후 제왕적 대통령의 5년 단임제로는 안 되겠다는 개헌공감대가 생겼다. 현재 5년 단임 대통령제를 대통령과 내각이 권력과 책임을 공유하는 이원집정부제, 다수당 당수가 총리를 맡고 국회의원이 장관을 겸임하는 의원내각제, 혹은 대통령 4년 중임제로 바꾸려는 논의가 진행 중이다. 대통령제를 하려면 임명직 총리를 둘 것이 아니라, 선출직 부통령을 두어서 대통령 유고시 부통령이 대통령직을 승계하여 국정공백을 신속하게 차단할 수 있도록 개헌할 필요가 있다.

국회가 개헌을 통해 제왕적 대통령제의 폐해가 되풀이 되지 않도록 신속하게 조치해야 하지만, 정치지도자들이 마음을 닫고 소통하지 않는다면 개헌은 쉽지 않을 전망이다. 대통령 탄핵결정시기에 따른 조기 대선 가능성으로 개헌에 따른 정치적 계산을 하고 있기 때문이다. 국가의 지속발전과 국민의 안위 차원에서 수정해야 할 헌법적 하자가 중차대함에도 불구하고, 개헌에 대해 정치권은 국가적 이익보다는 정파적 이익을 우선시하는 행보를 보이고 있어서 안타깝다.

심보를 똑바로 쓰는 정치지도자들이 마음을 여는 개심(開心)과 견득사의와 견위치명의 선비정신을 발휘하는 개심(改心)을 해야 권력구조의 결함을 제거하는 개헌(改憲)이 가능할 수 있다.

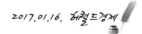

2017.01.16. 헤럴드경제

47

대통령과 참모진에게 필요한 세 가지 교육

지난 9일 국회에서 대통령 박근혜에 대한 탄핵소추안이 가결돼 헌법 재판소의 결정을 기다리고 있다. 차제에 정치권은 국정시스템 전반을 개혁하고, 아울러 대통령을 비롯한 선출직 공직자의 독직(瀆職)예방을 위한 교육시스템도 마련할 책무가 있다.

왕조시대의 통치자는 백성을 교육하려들기 전에 스스로 교육을 받았다. "나라를 다스리는 근본은 교육에 있고(治國之本 在敎育), 교육의 근본은 수신에 있으며(敎育之本 在修身), 수신의 근본은 자세에 있다(修身之本 在姿勢)"는 옛말을 따른 것이다. 왕은 경연을 통해 당대의 석학들과 국정토론은 물론 스스로를 닦는 수신교육을 받았다. 수신제가치국평천하(修身齊家治國平天下)라 함은 천하를 평안하게 하려면 먼저 자신의 나라를 잘 다스려야 하고, 나라를 잘 다스리기 전에 집안을 바로하고 집안을 바로하기 전에 자신을 잘 닦아야 한다는 의미다. 수신을 제대로 하지 못하면 반드시 후회할 일이 생긴다. 후회하는

당사자가 대통령이거나 참모진이면 개인적인 위기로 끝나는 것이 아니라 국가적인 위기로 비화된다.

동서고금을 막론하고 통치자의 근무 자세는 국가의 안위와 국민의 생명과 안전에 막대한 영향을 준다. 대한민국을 위기로 몰아넣은 최순실 게이트는 대통령의 굴절된 근무 자세에서 비롯됐다. 대통령의 일탈로 인한 비선실세의 국정농단을 참모진이 막지 못한 것도 그들의 근무 자세와 무관하지 않다. 공직자가 올바른 근무 자세를 견지하려면 계속교육으로 체화해야 한다. 직업공무원은 보직을 받기 전에 소정의 교육을 받고, 현직에서도 끊임없이 계속교육을 받는다. 그러나 선거를 통해 선출된 대통령, 국회의원, 지방자치단체장, 교육감 등 선출직 공무원들과 대통령이 임명하는 장·차관과 청와대 참모진, 공모를 통해 임용되는 공공기관장이나 공기업 사장 등은 임기전이나 재임 중에 특별한 교육 없이 공직을 수행하는 제도적 허점이 있다. 각자 알아서 일을 하라는 구조다.

대통령과 참모진이 간혹 국정철학 공유에 관한 워크숍을 했지만 정작 독직예방을 위한 공직가치 구현교육과 위기관리 실전교육, 그리고 헌법정신 실천교육을 정기적으로 실시하는 교육 시스템은 확립돼 있지 않다. 그러므로 대통령을 비롯한 선출직 공직자와 참모진이 적어도 세 가지 교육을 받고 체화할 수 있는 시스템을 제도화할 필요가 있다.

첫째, 세금으로 급여를 받는 공직자의 존재가치에 대한 교육이다. 본인이 왜 그 자리에 있는지의 물음에 대한 해답을 찾는 교육이다. 매일매일 바쁘게 일하는 공직자 본인이 공익을 추구하기 위해 그 자리에 있는지, 아니면 사익을 추구하거나 방조하기 위해 그 자리에 있는지 잊어버릴 때 독직의 씨앗이 싹트기 시작한다. 공직가치를 내재화시키는 직업철학교육은 반복적으로 실시해야 효과가 있다.

둘째, 위기관리에 대한 교육이다. 한국은 그동안 국가적 위기를 숱하게 겪었다. 6·25 전쟁을 비롯한 안보 위기, IMF 외환위기, 세월호 참사, 메르스 사태 등이다. 위기관리역량은 평상시에 볼 수 없다. 그렇지만 비상시에는 대통령과 참모진의 위기관리능력이 국가안보와 국민 생명에 결정적인 역할을 하고 있음을 경험했다. 안보위기·안전위기· 경제위기가 상존하는 환경에서 국정 콘트롤 타워의 위기관리 교육시스템 확립은 국정시스템의 전반적인 개혁차원에서 꼭 필요하다.

셋째, 대한민국 헌법에 대한 교육이다. 헌법 제69조에는 대통령은 취임에 즈음하여 "나는 헌법을 준수하고 국가를 보위하며 조국의 평화적 통일과 국민의 자유와 복리의 증진 및 민족문화의 창달에 노력하여 대통령으로서의 직책을 성실히 수행할 것을 국민 앞에 엄숙히 선서합니다"라고 규정돼 있고 실제로 선서를 하지만, 취임 전후에 얼마나 헌법을 학습하는지 알 수 없다. 대통령과 참모진이 헌법을 체화해 실천하면 독직을 예방할 수 있다.

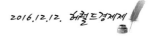

2016.12.12. 헤럴드경제재

안보가 위협받고 경제가 어려운 시기에 나라가 다시 내우외환(內憂外患)의 위기에 직면하고 있다. 역대 대통령의 가족이나 측근이 국정농단과 부정부패로 대통령을 궁지에 몰아넣었고 국민을 분노하게 만들었다. 지난 5일자 중앙일보 보도에 의하면, 1997년에 한보 게이트로 김영삼 대통령의 차남 현철씨, 2002년에 이용호·최규선 게이트로 김대중 대통령의 차남 홍업씨와 삼남 홍걸씨, 2008년에 박연차 게이트와 세종증권 로비 연루로 노무현 대통령의 친형 건평씨, 2012년에 부산저축은행 로비 연루로 이명박 대통령의 친형 상득씨, 2016년에 최순실 게이트로 박근혜 대통령의 친구인 순실씨가 각각 대통령의 임기중에 구속되었다. 역사가 반복되고 있다.

옛말에 이르기를 "군의어국 국의어민(君依於國 國依於民 통치자는 나라에 의지하고, 나라는 국민에게 의지하니), 왕자이민위천 민이식위천(王者以民爲天 民以食爲天 통치자는 국민을 하늘로 삼고, 국민은 먹는 것을 하늘로 삼는다). 민실

대통령의 하늘은 국민이고, 국민의 하늘은 의식주이다

소천 즉국실소의(民失所天 則國失所依 국민이 하늘을 잃으면, 나라는 의지할 곳을 잃나니), 차불역지리야(此不易之理也 이는 만고에 바꿀 수 없는 이치이니라)."라고 동유학회의 금곡선생이 일러 주었다. 국민들의 마음인 민심(民心)이 하늘의 마음인 천심(天心)이라는 이치가 여기에 담겨 있다.

비선실세의 국정농단 파문으로 대통령이 의지해야 할 나라가 흔들리고 있다. 대통령이 하늘로 삼아야 할 국민들의 마음도 흔들리고 있다. 지금은 경제가 어렵다. 경제가 더 어려워지면 "먹는 것"을 잃을 국민들이 속출할 수 있다. 여기에서 "먹는 것"이란 의식주를 포함한 인간안보를 의미하는 것이다. 국민들이 "먹는 것"을 잃으면, 나라는 의지할 곳을 잃게 되어 위험하게 된다. 국민들이 "먹는 것"을 잃지 않으려면 기업이 일자리를 지속적으로 창출해야 한다.

기업의 생존 발전과 국민의 "먹는 것"은 직결되어 있다. 그럼에도 불구하고 정권이 바뀔 때마다, 기업은 생존을 위해 권력의 끄나풀들에게 돈을 뜯기고 수사까지 받는다. 권력의 눈치를 보지 않고 자유롭게 기업 활동을 할 수 있는 제도적 장치가 미비하기 때문이다. 비극이다. 법과 제도를 준수해야 할 책무가 기업에게 있지만, 기업이 지키기 어려운 과도한 법과 제도를 만들어 놓고, 권력이 언제라도 기업을 옥죌 수 있는 시스템을 작동하기 때문에 권력의 끄나풀들이 놀아나고 있음을 직시할 필요가 있다.

노무현 정부의 정책실장이었던 김병준 국무총리 후보자는 지명되기 이전인 지난달 27일 여의도 중소기업중앙회에서 열렸던 국가 운영체제와 개헌토론회에서 "한국은 고장난 자동차"라고 진단하였다. 고장난 자동차는 5년 단임 대통령제 헌법체제이고, 대통령은 운전사로 비유하였다. 고장난 자동차를 그냥 두고 운전사만 바꿔서는 소용없다는 취지의 진단이다.

그렇지만 고장난 자동차를 고치거나 운전사를 바꾸어도 도로와 교통시스템이 고장 나면 사고가 난다는 사실을 간과하고 있다. 운전사와 자동차뿐만 아니라, 도로와 교통시스템이 모두 고장난 것으로 진단하지 못하면 문제를 근원적으로 해결할 수 없다. 도로가 고장이면 자동차를 고치는 것만으로 안전운전이 보장될 수 없다는 것은 누구나 알 수 있다. 그러므로 고장난 자동차를 고치고 바꾸는 것도 시스템 개혁 차원에서 추진해야 효과가 있을 것이다.

나라가 위중한 때에 정치세력들이 중심을 잡고 국민에게 희망의 비전을 제시해야 한다. 이 당(黨)이 잘못하면 저 당이 반사이익을 얻고, 저 당이 잘못하면 이 당이 반사이익을 얻는 구조가 깨져야 희망이 있다. 여야 정당은 권력만 잡으려만 하지 말고, 권력의 끄나풀이 호가호위(狐假虎威)로 국정을 농단하고 기업의 돈을 갈취할 수 없도록 국정시스템을 개혁하는 근본적 처방을 내 놓아야 한다. 그렇지 않으면 악순환의 역사는 되풀이 될 것이다.

2016.12.12. 헤럴드경제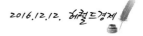

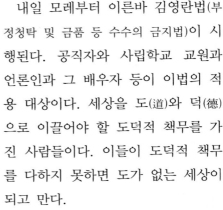

천하유도天下有道와
천하무도天下無道

내일 모레부터 이른바 김영란법(부정청탁 및 금품 등 수수의 금지법)이 시행된다. 공직자와 사립학교 교원과 언론인과 그 배우자 등이 이법의 적용 대상이다. 세상을 도(道)와 덕(德)으로 이끌어야 할 도덕적 책무를 가진 사람들이다. 이들이 도덕적 책무를 다하지 못하면 도가 없는 세상이 되고 만다.

이 법의 발효 이전에 정부와 기업과 학교가 부정청탁을 부르는 잘못된 관행을 타파할 수 있도록, 모호한 행정적 기준이나 신뢰하기 어려운 법집행 요소를 찾아서 공개하고 혁파하는 모습을 국민에게 보여주었더라면 청탁문화를 바꾸는 발판이 되었을 것이다. 매우 아쉽다. 예를 들어, "대학 졸업반 학생이 졸업 전에 취업하여 학교에 출석하지 못하게 되었을 때, 교수에게 졸업에 필요한 학점을 달라고 청탁하여 교수가 이를 받아들이면 이법에 의해 교수를 2년 이하의 징역이나 2천만원 이하의 벌금에 처한다."는 해설이 나왔다. 졸업반 학생이 졸업 전에 취업한다면, 학기가 끝난 후에 출근하도록 미리 정비를 한 다음에 이 법을 시행하는 것이 맞다. 지금이라도 졸업학기말 시험이 끝나기 전에 출근하는 관행을 바꾸는 조치를 해야 마땅하다.

도가 없는 세상은 약육강식의 시대이므로 각자도생이 살 길이다. 도가 없는 세상을 위정자가 방관하는 것은 법치국가의 직무유기이다. 김영란법은 더 이상 도가 없어지는 세상이 되는 것을 막고, 나아가 도가 있는 세상을 만들고자 하는 궁여지책에서 나온 법이다. 도가 있는 세상에서는 사람들이 덕을 닦기에 노력하고, 그 덕의 크기에 따라 걸맞은 일자리가 주어지거나 보상을 받으므로 굳이 부정하게 청탁을 하고 금품을 수수할 필요가 없다. 그렇지만, 도가 없는 세상에서는 권력이 있는 자는 권력으로, 금력이 있는 자는 금력으로, 끈이 있는 자는 끈으로 부정 청탁을 할 소지가 있다.

세상에 도가 있느냐 없느냐의 문제는 인류가 풀어야 할 오랜 숙제이다. 맹자(孟子)는 이루장구(離婁章句) 상편에서 세상에 도가 없음을 개탄하였다. "천하유도(天下有道) 소덕역대덕(小德役大德) 소현역대현(小賢役大賢) 천하에 도가 있을 때에는 덕이 작은 자가 덕이 큰 자에게 사역을 당하고, 덜 어진 자가 더 어진 자에게 사역을 당한다. 천하무도(天下無道) 소역대(小役大) 약역강(弱役强) 천하에 도가 없을 때에는 힘이 작은 자가 힘이 큰 자에게 사역을 당하고, 약자가 강자에게 사역을 당한다. 사이자천야(斯二者天也) 순천자존(順天者存) 역천자망(逆天者亡) 이 두 가지는 하늘과 같은 이치와 형세이니, 하늘을 따르는 자는 존재하고 하늘을 거역하는 자는 망한다."고 하였다.

약자가 강자에게 당하는 세상이 도가 없는 세상이라는 맹자의 말씀을 되새긴다면, 약자가 강자에게 당하지 않는 세상을 만들면 도가 있는 세상이 된다. 법을 만드는 국회의원과 법을 집행하는 경찰과 검사

와 판사의 노력만으로 약육강식을 막는 데에는 한계가 있다. 도가 있는 세상을 만들기 위해서는 행정가와 기업가가 나서서 부정청탁과 금품수수가 필요 없는 환경을 만들어야 한다. 정부는 민원인들이 청탁을 하게 만드는 시스템적 오류와 불필요한 규제가 무엇인지 찾아서 혁파해야 할 것이다. 기업도 기업 활동을 위해 부정청탁을 하게 만드는 원인제거에 동참해야 할 것이다.

사회와 국가의 이익과 불일치하는 이익을 추구하는 개인과 집단은 반사회적이고 반국가적이다. 기업은 회사의 이익과 사회의 이익을 일치시키는 기업가치관 교육을, 정당은 정당의 이익과 국가의 이익을 일치시키는 정당가치관 교육을 해야 도가 있는 세상을 만들 수 있다.

교육자는 도가 있는 세상을 만들 가치관을 스스로 실천하고 학습자를 교육해야 한다. 교육기관이 인간의 이익과 자연의 이익을 일치시키는 인간가치관과 자연가치관 교육을 통해, 대덕(大德)과 대현(大賢)을 갖춘 인재를 배출해야 도가 있는 세상을 이끌 수 있다.

2016.09.26. 헤럴드경제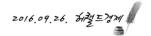

교육은 전체 국민의 관심사이며 국민의 자아실현과 국가의 미래 기회, 그리고 국부를 창출하는 핵심 기능이다. 교육부 직원들은 불철주야로 열심히 일해 왔지만, 국민이 체감하는 한국 교육의 현실은 밝지 않다. 그 이유는 정책의 토대가 되는 원칙이 제대로 설정돼 있지 못하기 때문이고, 입시제도를 자주 바꾸어 학교와 수험생을 불안하게 하였기 때문이다.

차기정부는 수험생들이 불안하지 않도록 교육개혁을 하기 위하여 철저하게 교육현장의 요구를 파악하여 반영할 필요가 있다. 그러기 위해서는 책상머리에서 만든 공약을 곧바로 실행하기보다는 공약을 정책화할 때 문제점이 없는 가를 현장확인을 통해 검토할 필요가 있다. 안정적인 교육개혁을 위해서는 차기정부는 점진적으로 학교교육에 관한 업무를 중앙정부가 지방정부에게 이양하고, 지방정부는 학교의 교장에게 전권을 부여하여 권한과 책임을 위임하는 시스템을 작동해야 한다. 특히 이 과

안정적인 교육개혁 방향과 방법

정에서 교장은 교사가 학생으로부터 존경받을 수 있는 권위를 인정하고 지원하는 리더십을 발휘하여야 한다, 교권이 확립되고 학교로 하여금 교육의 질 향상을 위한 경쟁을 유도한다면 공교육이 만족되고 사교육이 경감될 수 있는 효과가 있다.

보다 근본적인 공교육 정상화를 위한 정부의 책무성 이행은 모든 학생이 대학 진학을 목표로 공부하도록 유인하는 지금의 교육제도를 혁신하는 데서 출발해야 한다. 세계 최강국인 미국이 강소국인 핀란드에서 배우고 싶어 하는 것은 유능한 교사가 이끄는 공교육 제도다. 핀란드에서는 초등학교 4학년을 마친 학생들이 자기 적성에 따라 직업교육을 시작할 수 있는 시스템이 확립되어 있다. 따라서 적어도 중학생부터는 자기 적성과 선택에 따라 직업교육을 받을 수 있도록 교육체제를 갖춰야 한다. 대학교육을 받고 실업자나 무직자로 방황하는 것보다는, 중학교 때부터 제대로 된 직업교육을 받고 중학교나 고등학교를 졸업하고도 사회에 진출하면 직업인으로서 안정되고 행복한 삶을 살 수 있는 희망의 사회경제정책과 맞물리는 교육정책이라야 성공할 수 있다.

한국은 현재 고등학교 졸업자 수보다도 대학 입학 정원이 많기 때문에, 수학 능력과 관계없이 누구나 대학에 진학하게 되어 산업 기반인력 양성 구조는 취약하고 대졸 청년 실업 배출 구조는 탄탄하다. 그러므로 학교 시스템과 노동시장 시스템 적합화의 개념을 도입하여 기존의 단선형 학제를 다선형으로 전환하는 것을 검토할 필요가 있다. 학교 시스템과 노동시장 시스템의 적합화라는 것은 다양한 수준의 학교에서 배출하는 인적자원의 능력과 기술이 노동시장에서 요구하는 다양한 수준과 조화되는 것이며, 이를 위해 학교에서 일터로 이행하는 다선형 시스템이 요구된다.

한 줄 세우기를 하는 단선형 학제는 모든 이에게 희망을 줄 수 있는 제도이긴 하지만, 중도 탈락자를 양산하여 사회 문제를 촉발시키는 원인을 제공하고 있다. 그러나 여러 줄을 밟을 수 있는 다선형 학제는 본인의 소질과 능력에 따라 교육받을 수 있으므로 중도 탈락자가 적은 것이 특징이다. 학생의 능력과 적성에 따라 여러 줄을 밟을 수 있는 다선형 학제 아래서 공부하는 학생들은 학교가 즐겁고, 학부모의 사교육비 부담은 거의 없거나 적어도 고통 수준이 아니라는 점이 매력적이다.

차기정부는 학습자의 학습권과 학교의 자율권을 보장하고 정부가 책무성 이행을 제대로 실천해야 할 뿐만 아니라, 중학교나 고등학교만 졸업해도 행복하게 살 수 있는 실용적인 사회체계와 국제화 정보화 첨단화 고령화 사회에 대응할 수 있는 평생학습체제를 마련해야 한다. 핵심 고급인력과 기반인력은 부족하지만, 대졸자의 공급과잉으로 청년실업이 가중됐고, 기업의 구인난과 취업희망자의 구직난이 공존하고 있는 상황을 타개할 수 있는 학교와 노동시장의 시스템 적합화 정책, 고졸 5년차와 대졸1년차를 일정기간 동등하게 대우하고 그 이후 개인 역량에 따라 경쟁할 수 있는 인적자원정책을 아우르는 종합적인 정책을 추진하여야 국민이 교육고통으로부터 해방될 수 있을 뿐만 아니라, 교육을 통하여 국민의 자아실현과 국부창출에 기여할 수 있다.

2007.12.28. 국민일보

정부가
교육개혁을
완수하려면

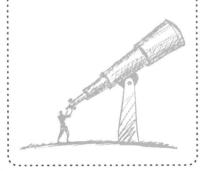

미래에 학생들이 필요한 것은 바른 가치관과 창조역량이지만, 오늘날 학교는 입시교육에 집중하고 있다. 교육개혁이 필요한 이유다. 교육개혁이 탄력을 받으려면 민심을 얻어야 한다.

정부가 민심을 얻고자 교육개혁 광고를 개시했다. 개혁과제는 자유학기제 확산, 공교육 정상화 추진, 선취업 후진학 활성화, 일과 학습의 병행 확산, 사회수요 맞춤형 인력양성 그리고 지방교육재정 개혁이다. 개혁을 완수하려면 다음과 같은 조치가 필요하다.

첫째, 자유학기제는 중학생들이 1학기 동안 직업진로를 중점적으로 탐색하는 제도다. 아일랜드 고등학생들이 1년간 직업탐색을 하는 전환학년제(transition year)를 벤치마킹해 도입한 것이다. 아일랜드에서 전환학년제 도입 초기에는 학생들의 참여율이 저조하였지만 참여자가 미참여자 보다 고졸 자격시험 성적이 높았다는 연구결과로 인해 전국적으로 확산됐다. 학생들이 직업진로탐색을 하면

진로목표가 생겨 학습동기가 유발된다는 장점을 널리 알릴 필요가 있다.

둘째, 공교육 정상화를 위해서는 교육의 질 관리가 필수적이다. 대부분의 OECD국가에서는 졸업이나 입학자격시험을 통해 교육의 질 관리를 하고 있다. 한국도 철저한 교육의 질 관리를 통해 학교와 노동시장의 질적 양적 미스매칭문제를 해결할 필요가 있다. 아울러 복잡한 대학입학전형제도의 혁명적인 최적화도 필요하다. 적어도 대입수능시험 결과를 통보할 때 학생이 대학수학능력이 있는지 없는지를 알려주어야 수능이 진로신호기제 기능을 할 수 있다.

셋째, 선취업·후진학 활성화는 대학을 향해 한 줄로 늘어선 모노레일(mono-rail)을 각자의 재능에 따라 여러 줄을 밟을 수 있는 멀티트랙(multi-track)으로 변화시키는 정책이다. 이 정책은 특성화고와 마이스터고 졸업생의 취업률을 올리는 데 기여하고 있다. 졸업후 취업을 위한 특성화고가 대학진학 특혜 통로로 활용되었던 폐단을 줄이고, 고졸취업 문화와 평생 고등직업교육 문화를 확산시키는 학교에 인센티브를 주는 것이 바람직하다.

넷째, 일·학습 병행은 대통령이 2014년 1월21일 스위스 베른의 상공직업학교를 방문해 수업을 참관하고 일과 학습을 병행하는 직업교육시스템을 직접 확인한 후 시범적으로 도입한 제도다. 대통령은 이 자리에서 "학벌이 아니라 능력을 인정받는 나라가 돼야 희망이 있다"고 하면서 "스위스 교육시스템이 시사하는 바가 크다"고 했다. 스위스 직업기술계 고교생의 80%가 일과 학습을 병행할 수 있는 다선형학제와 직무능력급 임금체제를 갖추었기에 능력으로 인정받는 나라가 됐다는 점을 타산지석으로 삼아 체제정비를 해야 한다.

다섯째, 사회수요 맞춤형 인력을 양성하기 위해서 기업과 학교의 협

업체제를 구축하고 학교의 공장식 교육을 농장식 교육으로 바꾸어야
한다. 공장식 교육시스템에서는 표준화되고 규격화된 교육을 실시하기
때문에 맞춤형 인력양성이 어렵다. 한포기 한포기를 돌보는 농장식 교
육시스템으로 바꾸어야 학생들이 저마다의 소질과 적성을 계발해 사
회가 필요로 하는 인재가 될 수 있다.

　여섯째, 지방교육재정 개혁을 하려면 중앙정부와 지자체는 물론 교
육청과의 협력이 절대적이다. 교육정책은 청소년의 미래를 좌우하는
영향력을 발휘한다. 변화하는 교육환경에서 지속가능한 교육재정정책
이 필요하므로 교육정책 파트너인 교육감들은 학생과 나라의 장래를
위한 교육개혁에 동참해야 한다.

　정부가 진짜 민심을 얻으려면 학교가 학생들에게 바른 가치관 교육
을 할 수 있도록 책무성을 발휘해야 한다. 교육개혁을 통해 학생들이
학교에서 건전한 직업관뿐만 아니라 기업관과 국가관을 기르도록 해
야 한다. 직업관은 일자리와 직결되고 기업관은 일자리 창출과 직결되
며 국가관은 국가안보와 직결되어 있기 때문이다. 글로벌 시대의 세계
관도 빠뜨릴 수 없다.

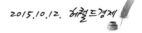

2015.10.12. 헤럴드경제

'교육을 위한 교육'도 가치가 있지만, '일자리와 연계된 교육'은 더욱 가치가 있다. 왜냐하면 일자리는 인간안보의 필요조건인 동시에 자아실현을 위한 충분조건이기 때문이다.

교육과 일자리를 연계하는 혁신적 직업교육 선도모델 대안으로 마이스터고 육성정책이 기획됐다. 마이스터고는 국가적 뿌리산업분야의 특화된 산업수요와 연계해 최고의 기술 중심 교육으로 예비 마이스터(young meister)를 양성하는 선(先)취업 후(後)진학의 선도학교 모델이다.

나는 마이스터고를 방문할 때마다 국가뿌리산업의 중추가 되겠다고 입학한 학생들의 초롱초롱 빛나는 얼굴에서 희망과 열정을 느꼈다. 2010년 3월 수도전기공고에서 열린 21개 공동 개교식에서 대통령이 직접 참석해 축사를 하는 모습을 보고 매우 기뻐하던 학부모와 학생들의 모습을 잊을 수 없다. '선취업 후진학'이라는 그들의 희망은 마이스터고가 국가뿌리산업의 현장경쟁력 제고를 위한 직업교육의 선도모델 대안으로 정착

고용시장의
지각변동을
예고하다

돼야 가능하다.

최근 기업들이 고졸자에게 취업문을 열고, 정부가 공공기관에서 4년 간 근무한 고졸자는 대졸자 대우를 해주겠다고 천명함으로써 고용시 장에 지각변동이 일어나고 있다. 특히 2010년에 개교한 마이스터고의 2학년 학생들이 졸업도 하기 전에 입도선매식으로 64%나 취업 약정이 되어 선풍을 일으키고 있는 것은 마이스터고가 직업교육의 선도모델 로 자리매김할 수 있음을 보여주는 것이다.

마이스터고는 현 정부의 육성 정책에 힘입어 크게 발돋움하고 있는 것이 사실이다. 차기 정부에서는 지원이 줄어들 수도 있으므로 마이스 터고는 자생력을 길러야 한다. 기업이 필요로 하는 인력을 질적 양적 으로 충족시키고, 졸업생들의 진로 경로를 학교별로 정착시켜야 한다.

현재 마이스터고와 산학협력 협약을 체결한 기업은 1295개(21개 학교 당 평균 62개)이다. 협약된 기업의 20% 정도는 대기업이며, 80% 정도가 중견기업이다. 정부가 대학과 산학협력을 하는 기업에 주는 만큼의 혜 택을 고등학교와 산학협력을 하는 기업에도 주어야 고등학교 단계의 산학협력이 활성화될 수 있다.

한국의 협약 기업들이 마이스터고와 함께 교육과정과 교재를 개발 을 하는 것은 매우 바람직하다. 학교중심 실습보다는 기업중심 실습이 더 효과적임을 감안할 때 기업중심 실습시간을 대폭 확대할 필요가 있 다.

이를 위해 교육과학기술부는 산업체와 적극적인 협력을 바탕으로 직업교육 현장성을 높인 덴마크 교육부의 질적 관리체제를 통찰해야 한다. 덴마크는 중학교 졸업생의 48%가 직업계 고교에 진학해 전체 교육시간의 3분의 1을 산업현장에서 학습하는 도제훈련에 참여한다. 덴마크도 2003년 이전에는 고비용인 학교실습이 대부분이었으나, 산업계로부터 현장성이 떨어진다는 지적을 받은 후 중앙정부가 기업체 훈련 비중을 높이는 강력한 정책 드라이브를 걸었다. 그 결과 직업계고 등학생의 99.9%가 산업체 도제훈련에 참여하게 되었음을 타산지석으로 삼아야 한다.

중앙정부 차원의 노력뿐만 아니라 교육청 차원의 노력도 중요하다. 노르웨이 수도인 오슬로 교육청 직업훈련부에서는 20명의 영역별 코디네이터가 지역의 기업체, 직업교육훈련기관, 직업교육훈련교사들과 긴밀히 협력하며 현장 교육훈련을 관리하고 있다. 노르웨이에서는 국가교육과정의 틀을 짤 때 산업체 대표가 참여하고, 지역 단위에서는 교육과정 실행과 자격인정 과정에 지역 산업단체들이 관여한다. 특히 지역 단위에서는 교육청의 역할이 중요하다. 노르웨이는 한국처럼 개별 학교가 기업을 수소문해 현장실습을 하는 것이 아니라, 교육청 차원에서 도제훈련을 지원하는 것이 특징이다.

현 정부는 임기만료 이전에 마이스터고가 학교별로 미래가치를 창출할 수 있는 안정적인 산학협력시스템을 구축할 수 있도록 제도화해야 한다. 그래야 다음 정부에서도 초롱초롱 빛나는 학생들의 희망과 열정이 계속될 수 있고, 아울러 국가뿌리산업의 경쟁력을 안정적으로 확보할 수 있다.

2011.09.19. 한국교육신문

특성화高 지원한 우등생을 응원한다

중학교 전교 1등이 서울여상에 지원하는 등 특성화고에 우수한 학생이 대거 지원한 것으로 나타났다. 고학력 실업자가 쏟아지는 상황에서 적성에 맞는 직업교육을 받고, 사회에 진출해 일과 학업을 병행하겠다는 각오다. 우수한 학생들이 특성화고에 진학한 것을 후회하지 않고, 특성화고가 희망의 사다리가 되려면 적어도 몇 가지가 제도화돼야 한다.

성공한 중산층으로 살 수 있어야

첫째, 가장 중요한 것은 중학생들이 장차 고교를 졸업하고 직업세계에 진출해도 행복하고 성공한 중산층으로 살아갈 수 있다는 희망을 갖도록 사회가 변화하는 것이다. 공공기관에 고졸자가 4년 근무하면 대졸자 대우를 해주겠다는 대통령의 약속이 다음 정권에서도 지켜져야 가능하다. 비슷한 내용의 대우조선해양 인사 방침이 전체 산업으로 확대되면 금상첨화다. 고졸자 입직이 관건이므로 입직 학력 철폐로 고졸자 자리를 대졸자에게 내주는 어리석음을 되풀이하지 말고, 고졸자 일자리 쿼터를 확보하는 것이 급선무다. 독일과 스위스의 경우 대졸자가 고졸자의 일자리를 잠식할 수 없도록 제도화해 고졸자들이 중산층으로 우뚝 설 수 있게 도와주고 있는 것을 벤치마킹할 필요가 있다.

둘째, 고교에 진학하기 전의 초등 및 중학 교육이 변해야 한다. 중학교 졸업생의 48%가 직업계 고교에 진학해 교육과정의 3분의 1을 기업 현장에서 이수하는 덴마크의 경우 의무교육 기간에 모든 학생이 범교과 필수로 '교육-직업-노동시장 오리엔테이션' 과목을 배워 건전한 직업관을 확립하는 점에 주목해야 한다. 스위스의 경우 고교생의 약 70%가 직업계에 재학 중이다. 그들은 중학교까지 직업진로 교육을 철저히 받고, 고교부터 인문계 기술계 기능계로 나뉜 여러 줄 밟기 교육을 거쳐 다수가 기능인의 길을 택하고 있다. 고교 진학 전에 인생관과 직업관 나아가 국가관과 세계관을 함양할 수 있는 교육과정 운영이 긴요하다.

셋째, 특성화고에 취업을 위한 교육과정 자율성을 폭넓게 부여해야 한다. 금융투자분석사 등과 같이 학력, 자격 요건이 없는 면허적 자격을 교육과정에 반영한 서울여상의 경우 이 자격을 취득한 졸업생은 오히려 대졸자보다 나은 대우를 받고 취업하고 있다. 학칙 개정은 1년에 한 번만 허가한다는 교육청의 방침 때문에 사회가 필요로 하고 학생들이 원하는 전공 개편을 1년씩 기다리게 하는 교육행정도 개선해야 한다. 특성화고는 학교 운영의 자율성을 확보하고 학생들에게 미래의 비전을 보여줄 수 있는 진로 경로를 발굴해 제시할 필요가 있다.

넷째, 대졸자 구직난과 고졸자 구인난의 미스매칭 해결을 위해 특성화고 졸업생의 70%가 곧바로 대학에 진학하는 현상을 개선하는 정책적 노력이 필요하다. 그러려면 특성화고의 동일계 대학 특별전형을

'선(先) 취업, 후(後) 진학' 취지에 맞게 산업체에 일정 기간 근무한 경력자를 대상으로 한정해야 한다. 나아가 고졸자가 입직 후 직무능력 향상을 목적으로 이수한 사내 대학 교육은 물론이고 사외 대학 교육도 인정해 주는 평생교육시스템을 작동해야 한다.

산학협력 업체에 많은 인센티브를

다섯째, 특성화고의 산업체 기반 교육 부분이 늘어나야 한다. 2010년 개교한 마이스터고는 취업 약정을 한 기업이 학생들에게 장학금을 제공하는 차원을 넘어 현장 실습교육을 제공하고 있다. 마이스터고는 특성화고에 비해 교육과정 운영 면에서 산학협력이 활성화돼 있다. 21개 마이스터고와 산학협력을 하는 기업이 1330곳을 넘는다. 기업이 대학과 산학협력을 할 때 정부가 주는 인센티브를 고교 산학협력에도 똑같이 제공해야 한다. 그래야 산학협력이 특성화고로 확산돼 기업이 필요로 하는 실무 위주 교육이 활성화되고 고졸 취업의 문도 넓어질 수 있다.

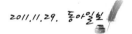

2011.11.29. 동아일보

안전·자유·행복의 헌법가치

어제(17일) 제헌절을 맞아 대한민국 헌법을 읽어 보았다. 헌법 전문에는 "우리들과 우리들의 자손의 안전과 자유와 행복을 영원히 확보할 것을 다짐하면서 1948년 7월 12일에 제정되고 8차에 걸쳐 개정된 헌법을 이제 국회의 의결을 거쳐 국민투표에 의하여 개정한다."고 명시되어 있다. 국민의 안전·국민의 자유·국민의 행복이 대한민국이 추구하는 헌법가치임을 일깨워주는 대목이다.

먼저 안전. 국가가 안전해야 국민이 안전할 수 있다. 지난 15일 북한의 미사일 공격을 방어하기 위한 고고도미사일방어(사드, THAAD)체계 배치 결정 설명회에 갔던 국무총리와 국방부장관일행이 사드배치를 반대하는 성주 군민들에 의해 6시간 동안 버스에 갇혔고 물병과 계란 세례를 받았다. 국무총리와 국방부장관의 안전이 위협받는 나라의 국민이 과연 안전할 수 있을지 우려되는 순간이었다. 북한의 미사일 공격을 방어해야 하는 국가안보와 국민안전이 사드로부터 발생될 전자파를 우려하

는 주민안전과 충돌한 사건이다. 성주군민이 사드배치를 반대하는 이유는 유해전자파로 인한 건강과 농작물 피해다. 사드도입 논의 초기단계에 전자파를 다루는 주무장관과 전문가들이 나서서 먼저 전자파 유무에 대한 사실을 사실대로 성주군민은 물론 모든 국민에게 설명하는 것이 순서였다. 사드도입 초기부터 중국과 러시아에게 국가안보와 국민안전차원에서 사드도입이 불가피하다는 점도 미리 통보했어야 했다. 아무리 대국이라도 소국을 무시할 수 없는 명분의 논리를 폈어야 했다. 힘의 논리로 작동되는 냉엄한 국제사회에서 초기에 사드도입에 대한 논의조차 부인하다가, 배치 결정발표 하루 전에야 통보하면 반발의 강도가 높아질 수밖에 없다는 점을 간과했다.

두 번째 자유. 독립국가의 국민이라야 자유를 누릴 수 있다. 일제강점기에 독립국가의 지위를 잃고 노예국가로 전락하여 자유를 강탈당했던 치욕의 역사를 잊을 수 없다. 대한제국이 일본제국과의 전쟁에서 패망한 것이 아니라, 정치지도자들이 분열했기 때문에 전쟁도 하지 않고 나라가 망해버렸다는 사실이다. 임진왜란과 정유재란을 극복했던 서애 류성룡 선생은 징비록(懲毖錄)에서 "왜적의 간사하고 교묘한 꾀(왜최간교, 倭最奸巧)"를 경고했지만, 후대 정치인들과 공직자들이 나라를 일본에 통째로 바쳤다. 국가의 이익은 아랑곳하지 않고 개인의 이익과 당파의 이익만 추구하였기 때문이다.

나라가 망하여 국민이 노예로 전락하지 않고 온전한 독립국가에서 우리와 우리의 자손들이 자유를 누리게 하려면 정치지도자들과 공직자들이 자기의 이익과 당파의 이익과 국가의 이익이 일치되는 점을 찾아서 행동해야 할 것이다. 기업인들도 자기의 이익과 회사의 이익과 사회의 이익이 일치되는 교집합을 찾아서 기업 운영을 해야 할 것이다. 그리고 행복. 헌법 전문의 정신을 살려 헌법 제10조는 "모든 국민

은 인간으로서의 존엄과 가치를 가지며, 행복을 추구할 권리를 가진
다."고 하면서 행복 추구를 국민의 권리로 인정하였다.

국민이 행복하기 위한 필요조건은 교육과 근로이다. 헌법 제31조 1
항은 "모든 국민은 능력에 따라 균등하게 교육을 받을 권리를 가진
다."를 제32조 1항은 "모든 국민은 근로의 권리를 가진다."로 규정돼
있다. 국민이 행복하기 위해서 교육을 잘 받을 수 있고 근로를 할 수
있는 일자리가 확보되어야 하므로 교육과 고용은 불가분의 관계에 있
지만, 정부 부처는 교육부와 고용노동부로 나누어져 있다. 고용정책과
연동되지 못한 교육정책은 실업자를 양산할 수밖에 없다.

제헌절을 맞아 대통령 임기 5년 단임제와 대통령 중심 권력구조를
명시한 헌법 개정의 필요성에 대한 논의가 활발하다. 정치지도자들은
권력쟁취를 위한 헌법 개정이 아니라, 국민의 "안전·자유·행복"을 보
장하는 헌법가치를 최대로 구현될 수 있는 헌법 개정을 추진하여야 할
것이다.

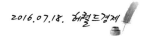
2016.07.18. 헤럴드경제

역지사지易地思之의 횡단역량橫斷力量

선거를 통해 여당이 야당이 되고 야당이 여당이 된 역사가 있지만, 여당은 영원히 여당이 될 것처럼 행동하고 야당은 영원히 야당이 될 것처럼 행동하고 있어서 시급한 법안들이 통과되지 못하고 있다. 국회에 역지사지(易地思之)하는 중용(中庸)의 도(道)가 보이지 않는 이유다.

중용의 도는 어렵지만 정치에 꼭 필요하다. "중(中)은 천하의 정도(天下之正道)요 용(庸)은 천하의 정리(天下之定理)"이기 때문이다. 정치는 양극단을 부추기는 일을 하는 것이 아니라, 양극단을 찾아 가운데를 취해 국민과 국가를 위해 일하는 것이다. 양극단의 가운데를 취하려면 토론과 협상이 필요하다. 남의 나쁜 점을 숨겨주고 좋은 점을 들어내라는 "은악이양선(隱惡而揚善)"이라는 중용의 커뮤니케이션 방법을 활용하면 토론과 협상이 불가능한 것도 아니다. 그럼에도 불구하고 국가의 안보와 국민의 생명과 안전 보장을 위해 반드시 필요한 테러방지법을 두고 여야가 극한 대립을 보이고 있는 것은 국가와 국민 모두에게 불행한 일이다. 국회는 토론과 협상의 과정을 통해 국익을 추구하는 곳이지 당리당략을 위해 존재하는 곳이 아님을 제대로 교육하지 못한 교육자들의 잘못이 크다. 2월은 졸업의 달이며 3월은 입학의 달이다.

교육당국과 각급 학교는 학생들을 제대로 교육시키고 졸업시켰는지, 제대로 교육시키려고 입학시키고 있는지 성찰할 시간이다. 졸업하는 학생들은 학교에서 "국어 영어 수학 사회 과학 등"을 배웠다고 하고 대학 졸업생들은 나름대로 전공학문을 익혔다고 하겠지만, 사회가 그들에게 요구하는 것은 구체적인 역량이다. 국가는 바른 국가관과 역사관, 시민사회는 글로벌 시민의식, 직장은 직업철학과 창업가적 도전정신, 그리고 직무능력을 요구한다. 직업철학은 자신의 존재가치를 발휘할 수 있는 정신적 토대이고 창업가적 모험 정신은 변화하는 세계에 대응할 수 있는 원동력이다.

각계의 리더에게는 첨단기술시대와 지구촌 경제시대를 이끌 수 있는 창업가적 리더십은 물론 역지사지(易地思之)의 횡단역량(橫斷力量)이 요구된다. 횡단역량(transversal skills)이란 호기심(curiosity), 문제해결역량(problem-solving skills), 관용(tolerance), 자신감(confidence)의 4가지로 구성돼 있고 스위스 다보스포럼을 주관한 세계경제포럼(WEF)이 조사한 고용주의 92%가 인재를 찾을 때 중시하는 직무역량이다.

호기심이 있어야 다른 영역으로 횡단하여 역지사지의 상상력을 발휘할 수 있다. 상대방의 영역으로 횡단하기 전에 자기만의 업(業)의 철학이 정립되어 있어야 문제를 해결 할 수 있고, 전공분야의 직무역량뿐만 아니라 커뮤니케이션능력, 협업능력, 디지털활용능력, 그리고 평생학습능력이 있어야 문제를 해결할 수 있는 협상력을 갖출 수 있다. 관용과 자신감이 없으면 다른 영역으로 횡단할 엄두를 내지 못한다.

   학생들은 미래에 기업과 정부와 학교뿐만 아니라 국민의 대표로 각급 의회에서 일하게 된다. 특히 국회의원들의 역량이 나라의 운명을 좌우한다. 그들에게도 횡단역량이 필요하다. 호기심이 있어야 다른 영역으로 횡단하여 창의력을 발휘할 수 있고, 문제해결역량이 있어야 쟁점법안을 두고 토론과 협상을 할 수 있으며, 관용과 자신감이 있어야 양극단을 찾아 가운데를 취해 중용(中庸)의 도(道)를 걸을 수 있다.

   학생들이 교사들의 수업을 수동적으로 듣고 외워서 시험을 보는 전통적인 교육으로는 호기심 – 문제해결역량 – 관용 – 자신감으로 구성된 횡단역량을 기르기가 매우 어렵다. 이제라도 장차 정치를 할 학생들로 하여금 역지사지(易地思之)의 횡단역량(橫斷力量)을 기를 수 있도록 교육을 바꾸어야 한다.

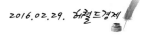

2016.02.29. 헤럴드경제

국회선진화법으로 인해 청년들의 일자리 창출을 위한 개혁 관련법들이 통과되지 못하고 있어서 매우 안타깝다. 정작 국회선진화법이라고 명명된 법은 없고, 국회용어사전에 국회선진화법이란 "다수당의 일방적 안건 처리나 그로 인해 국회폭력사태 등을 막기 위해 2012년 여야합의로 개정한 국회법 조항을 이름"이라고 나와 있다.

국회선진화법이 새해 벽두부터 뜨거운 논란의 중심에 서 있다. 대통령이 지난 13일 대국민 담화 및 기자회견에서 어떤 기자가 국회선진화법에 대한 질문을 하자, "대화와 타협으로 국회를 운영하기 위한 취지다. 좋은 취지를 살려도 모자랄 판에 정쟁을 가중시키고 입법 기능을 마비시키고 있다. 그때는 동물국회라면 지금은 식물국회다. 대한민국 국회 수준이다. 나라위해 양보하면서 비판하고 조화롭게 가야하는데 동물국회 아니면 식물국회 수준이다"라고 비유하면서 답변했다. 이어 대통령이 "선진화법을 소화할 능력이 안 되는

동물국회·
식물국회·
인간국회

결과다. 악용하는 정치권이 바뀌지 않으면 어떤 법도 소용이 없다"라고 지적한 것은 국민의 대의 기구인 국회가 민주주의를 실천하는 모습을 제대로 보여주지 못하고 있기 때문이다.

한 국가가 민주주의를 제대로 구현하려면 사회 구성원들이 상호 공동체 의식을 가지는 동시에 개인적 자유를 존중하고 상호 관용하는 정신을 발휘해야 한다. 국회도 마찬가지이다. 국회가 민주주의를 실천하는 모습을 국민에게 제대로 보여주려면 국회의원들이 상호 존중하고 서로 다름을 인정하고 관용하는 공동체 의식을 발휘해야 한다.

민주주의(democracy), 개인적 자유(individual liberty), 공동체 의식(community), 그리고 관용(tolerance)의 가치를 국가적으로 구현하려고 노력하는 나라가 영국이다. 영국은 학교교육과 평생교육을 통해 네 가지 가치를 교육하고 있다.

대한민국 국회의원 한분 한분씩을 보면 대부분 훌륭하나, 정파적 행동을 할 때는 관용의 정신이 부족한 면모를 보인다. 국민의 행복을 추구하는 의정활동이라는 목적은 동일이나, 이를 구현하는 정책은 헌법기관인 의원에 따라 다를 수 있다. 다름(difference)과 틀림(wrong)은 분명히 다르다. 자기와 생각이 다르면 왜 다른지를 따져보지 않고, 다른 의원이 틀렸다고 우기는 분은 관용을 제대로 보여주지 못하는 의원이다.

국회뿐만 아니라 학교와 일터 그리고 지역사회 곳곳에서 관용의 가치가 제대로 작동되면 다른 것을 수용하는 문화가 싹트고 꽃 피울 수 있다. 세계 시장과 교역하는 국가에는 다민족들이 활동하기 때문에 더 이상 단일 민족 단일 문화 국가라고 보기 어렵다. 한국사회도 다민족 다문화가 대세임을 부정할 수 없다. 다민족 다문화 사회 공동체에서 개인의 자유를 존중하려면 관용이 필수적이지만, 관용은 하루아침에 나타날 수 있는 문화적 현상이 아니다. 교육을 통해 관용을 지속적으로 학습하여야 가능하다. 학생은 학교에서 관용을 학습해야 하고, 직장인은 일터에서 관용을 학습해야 하며, 지역사회주민은 마을 공동체에서 관용을 학습해야 가능한 일이다. 국회의원도 예외가 아니다.

민주주의의 꽃은 선거라고 한다. 4월 총선을 통해 국회를 바꿀 기회가 유권자들에게 다가오고 있다. 대통령의 비유처럼 18대 국회가 동물국회였고 19대 국회가 식물국회라면, 20대 국회가 반드시 인간국회로 변모할 수 있도록 유권자들이 투표권을 행사해야 한다. 지난 22일 오전까지 선거관리위원회에 등록한 총선 예비후보자가 1084명에 달한다. 어떤 후보자가 공동체 의식을 가지고 관용의 문화를 꽃 피우고 민주주의를 실천할 역량이 있는지 지금부터 눈여겨보아야 한다.

2016.01.25. 헤럴드경제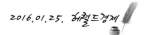

창의적 일터 문화를 만드는 7가지 가치

모방의 시대가 가고 창조의 시대가 왔다. 창조의 시대를 선도하려면 일터에 창의 문화가 꽃펴야 한다. 창의적으로 일할 수 있도록 일터를 디자인하는 미국 아이디오(IDEO)의 다이애나 로텐(Diana Rhoten)을 지난 5일 글로벌 인재포럼에서 만났다.

그녀는 창의적인 일터 문화를 디자인할 수 있는 원천이 아이디오(IDEO)가 지난 25년간 공유해온 7가지 가치라고 밝혔다. 일곱 가지 가치는 "낙관적이어라(be optimistic), 협업하라(collaborate), 실패로부터 배우라(learn from failure), 모호한 것을 포용하라(embrace ambiguity), 타자가 성공하도록 만들어라(make other successful), 주인정신을 발휘하라(take ownership), 그리고 적게 말하고 많이 실천하라(talk less, do more)"다.

구성원의 가치는 만질 수도 없고 볼 수도 없지만 기업이나 정부를 움직이는 원동력이다. 창조시대를 견인하려면 공직사회가 창의적으로 작동해야 하므로, 창의적 일터 문화를 만드는 가치를 공직자가 공유하고 있

는지 성찰할 필요가 있다.

첫째, 공직자는 낙관적인가 하는 문제다. 낙관적인 사람은 긍정적이다. 긍정적인 사람은 자긍심이 높다. 가문에 대한 자긍심이 높은 아이는 행동이 바르고, 회사에 대한 자긍심이 높으면 애사심을 발휘하며, 나라에 대한 자긍심이 높으면 애국심을 발휘한다. 공직자가 낙관적이면 국민도 낙관적으로 변할 수 있다.

둘째, 공직자는 협업하는가. 중앙정부와 지방자치단체간은 물론 중앙부처간 협업은 잘하는가. 예를 들어, 중앙정부와 시·도 교육청의 협업은 2년째 핑퐁을 치고 있는 '3~5세 무상보육 누리과정' 예산편성 상황을 보면 알 수 있다. 정부의 보육정책을 혼란에 빠뜨리는 협업을 보여주고 있어 매우 안타깝다.

셋째, 공직자는 실패로부터 배우고 있는가. 실패를 덮기보다는 배워야 반복 실패를 예방할 수 있다. 성공사례 뿐만 아니라 실패사례도 분석할 필요가 있다. 총리실이나 감사원이 정책의 성공사례집과 실패사례집을 만든다면 범정부적으로 활용할 수 있을 것이다. 교육부나 교육청이 교육현장에 대한 성공사례집과 실패사례집을 만든다면 학교가 활용할 수 있을 것이다.

넷째, 공직자는 모호한 것을 포용하는가. 지난 7일 싱가포르에서 중국의 시진핑 주석과 대만의 마잉주 총통이 '하나의 중국'이라는 모호함을 포용하면서 정상회담을 했다. 양국의 국기도 게양하지 않고 주석이나 총통이란 직함 대신에 '선생'이란 모호한 표현을 사용했다. 한국이 미·중·일·러와 통일외교를 할 때 모호한 것을 포용해야 국익에 도움이 될 것이다. 남북통일문제도 마찬가지다. 모호한 것을 언제 포용하는 것이 국익에 도움에 되는지 잘 판단해야 한다.

다섯째, 공직자는 타자가 성공하도록 만드는가. 공직자가 기업과 학

교가 성공할 수 있도록 도와주어야 나라가 발전할 수 있다. 기업과 학교의 성공을 돕는 공직자에게 인센티브를 제공하는 제도를 강화하면 타자가 성공할 수 있도록 만드는 문화가 정착될 수 있다.

여섯째, 공직자는 주인정신을 발휘하는가. 주인정신을 발휘한다는 의미는 주어진 임무를 수행하기 위해 권한을 행사하고 책임을 지는 것이다. 공직자는 그 소속에 따라 사명이 다르기 때문에 부처나 기관 단위로 '공직자 사명서'를 자율적으로 만들어 주인정신을 발휘할 필요가 있다. 기억하기 쉽고 실천하기 쉽도록 만드는 것이 관건이다.

일곱째, 공직자는 적게 말하고 많이 실천하는가. 적게 말하고 많이 실천하는 것은 일반 공직자뿐만 아니라 선출직 공직자가 실천한다면 신뢰를 받을 수 있는 바람직한 가치다. 정치인이 선거철에 공약을 적게 말하고, 선거가 끝난 후에 많이 실천한다면 정치가 신뢰받을 뿐만 아니라 공직자의 일터 문화가 창의적으로 바뀔 것이다.

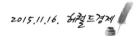

2015.11.16. 헤럴드경제

곤이불학困而不學의 우愚를 범하지 않으려면

태어나면서부터 아는 것을 생이지지(生而知之)라고 한다. 배워서 아는 것을 학이지지(學而知之)라고 한다. 곤란을 겪은 뒤에 배우는 것을 곤이학지(困而學之)라고 한다. 곤란을 겪고 나서도 배우려하지 않는 것을 곤이불학(困而不學)이라고 한다. 공자는 논어의 계씨(季氏)편에서 "곤란을 겪으면서도 배우려하지 않는다면 하급 국민이 된다"고 경고한 바 있다.

우리는 메르스 사태라는 곤란을 겪었다. 곤란을 겪으면서 보건문화를 선진화해야만 바이러스를 예방할 수 있다는 것을 배웠다. 배우는 데서 끝나지 않고 실천에 옮겨, 문화를 바꾸어야 또 다시 찾아올 곤란을 예방할 수 있다. 곤이불학(困而不學)의 우(愚)를 범하지 않으려면 구체적으로 다섯 가지 조치가 필요하다.

첫째, 청결문화를 바꾸자. 사스가 유행했을 때 비누로 손을 깨끗이 씻었지만, 곤이학지(困而學之)를 제대로 안한 탓인지 메르스가 찾아왔다. 사스 사태 이후 '손을 깨끗이 씻는 청결문화가 제대로 정착되었더라면' 하

81

는 아쉬움이 남는다. 또 다른 바이러스를 예방하기 위해서는 어른들은 물론 아이들이 화장실 사용 전후와 식사 전후, 그리고 외출 후에 귀가해 손 씻는 것을 습관화하도록 가정과 학교와 일터에서 청결교육을 강화할 필요가 있다.

둘째, 음주문화를 바꾸자. 좀처럼 바뀌지 않는 음주문화는 술잔 돌리기와 폭음이다. 자기가 마신 술잔을 깨끗하게 씻지도 않고, "내 술 한잔 받으라"며 상대방에게 강권하는 비위생적인 술잔 돌리기 문화로 인해 자기 입속의 세균이 다른 사람에게 전파되기 쉽다. 술잔 돌리기가 마치 상호간의 친밀도를 나타내는 것으로 잘못 인식된 탓이다. 폭음을 해서 만취하게 되면 인사불성이 돼 불상사를 일으키는 경우가 많다. 폭음은 면역력을 저하시키고, 술잔 돌리기는 세균을 전파시키므로 폭음을 피하고 술잔을 돌리지 않는 음주문화를 정착시킬 사회적 캠페인이 필요하다.

셋째, 인사문화를 바꾸자. 메르스가 발생된 중동지역의 인사법이 악수와 포옹이다. 악수와 포옹은 친밀감을 적극적으로 표시하는 인사법이지만, 신체접촉으로 인해 세균과 바이러스가 전염되기 쉽다. 메르스 사태를 계기로 손바닥을 서로 잡는 악수 대신에, 주먹을 맞대는 오바마 미국대통령 악수방식을 수입해 가급적 신체 접촉 부위를 줄이려는 사람들이 등장했다. 그렇지만, 신체접촉을 하는 악수와 포옹 대신에 가볍게 허리를 굽혀 마음으로 인사하는 한국 고유의 인사법이 몸으로 하는 인사보다 훨씬 더 건강할 수 있음을 널리 알릴 필요가 있다.

넷째, 병원문화를 바꾸자. 메르스의 급속한 전파 원인 중의 하나가 가족과 친지의 문병문화, 가족의 간병문화, 그리고 비위생적인 응급실 문화로 지적된 바 있다. 문병과 간병은 한국인 특유의 정(情)을 표현하는 문화다. 문병과 간병을 규제하는 것만이 능사가 아니라, 한국형 문병문화와 간병문화를 정립하는 것이 절실히 필요하다. 문병문화와 간병문화를 바꾸어야할 뿐만 아니라, 응급실문화를 선진화할 필요가 있다. 응급실문화의 선진화는 의료전달체계의 선진화에 달려 있다. 응급실의 감염예방을 위해 병원이 스스로 정한 규칙을 스스로 잘 지키고 있는 사례를 적극적으로 발굴해야 한다. 보건당국은 건강한 병원문화가 정착된 병원의 모범사례를 찾아 전국적으로 전파시켜야 한다.

다섯째, 범부처 차원의 협업이 필요하다. 메르스 사태를 계기로 한국인들이 문화를 바꾼다면 선진국으로 도약할 수 있다. 문화를 바꾸는 일은 어렵지만, 불가능한 일은 아니다. 수많은 여행객들이 국경을 드나들고 있어 언제 어떤 바이러스가 다시 찾아올지 알 수 없는 환경이기 때문에 보건문화를 바꾸는 일을 보건복지부에만 맡겨놓을 일은 아니다. 교육부, 문화체육관광부, 고용노동부 등이 협업해 학교와 지역사회, 그리고 일터에서 교육과 캠페인을 통해 문화를 바꾼다면 선진국이 될 수 있다.

2015.08.31. 헤럴드경제

83

사이버부대,
북한의
10배로 키워야

세계는 지금 사이버 전쟁 중이다. 남북한도 예외가 아니다. 최근 대한민국을 겨눈 해킹공격이 하루 백만 건이 넘는다고 한다. 대한민국 사이버 부대원이 500명에 불과한데 비해 북한은 6000명이라고 한다. 미국은 8만명이고, 중국은 미국보다 10만명이 더 많은 18만명이며 비공식 인력을 포함하면 40만명에 이른다고 한다.

정부기관과 금융기관의 전산망이 사이버 공격을 당할 때면 사이버 방위의 중요성이 거론되지만, 북한을 압도하는 사이버 방위를 위한 실질적인 인력증강은 미흡하다. 폐쇄적 사회에 대한 정보수집 활동은 개방적 사회에 대한 그것보다 어렵다. 즉 개방적인 대한민국이 폐쇄적인 북한의 정보를 수집하기가 더 어렵다. 설상가상으로 대한민국의 사이버 부대원이 북한의 8.33%에 불과하다는 사실은 경천동지(驚天動地)할 일이다.

해킹 프로그램은 사이버 시대의 간첩이다. 동서고금을 막론하고 국민의 생명과 재산을 지키기 위해서는 국가 방위 계획을 수립해야 하며, 국

가 방위 계획을 수립하기 위해서는 국가 차원의 정보 수집이 필요하다. 손자병법은 시계(始計)로 시작하여 용간(用間)으로 끝난다. 아국과 적국이 처한 상황을 헤아리는 계책(計策)을 처음으로 마련하는 국가 방위 계획이 시계(始計)다. 적국과 아국의 상황을 비교 분석하기 위해 적국에 관한 정보를 수집하기 위해 간첩을 활용하는 것이 용간(用間)이다.

손자병법의 용간(用間)편에는 "비성지 막능용간(非聖智 莫能用間), 비인의 막능사간(非仁義 莫能使間), 비미묘 불능득간지실(非微妙 不能得間之實), 미재미재 무소불용간야(微哉微哉 無所不用間也)"라고 나와 있다. 성(聖)이라는 것은 통하지 않는 것이 없다는 뜻이며, 지(智)라는 것은 생각을 깊고 원대하게 한다는 뜻이다. 성스럽게 뛰어나고 지혜롭지 못하면 간첩을 활용하지 못하고, 인(仁)과 의(義)로 대하지 아니하면 간첩을 사용하지 못하며, 미묘함이 아니면 간첩의 실체를 능히 알지 못하니, 미묘하고 미묘하여 간첩을 활용하지 않는 바가 없다는 것이다.

적국의 정보를 수집하는 일은 미묘하고 또 미묘하다. 적국의 정보를 수집하기 위해 간첩을 사용하는 일 또한 미묘하지만, 오늘날 간첩을 사용하지 않는 나라는 지구상에 없다. 요즈음은 적국뿐만 아니라 우방국의 정보를 수집하기 위해 간첩활동을 하고 있다. 미국 정부가 미묘하게 간첩의 실체를 알고, 간첩을 미묘하게 활용하여 자국에 필요한 정보수집활동을 통해 국익에 기여하고 있음을 알 수 있는 사례가 있다. 독일의 메르켈 총리가 미국의 오바마 대통령에게 미국 정보기관의 감청을 항의한 적이 있다. 미국 정보기관 수장은 우방국 국가원수라고 할지라도 국가안보에 필요하다면 감청을 할 수 밖에 없다고 일축했다. 이와 관련해 미국 상원이나 하원에서 청문회를 열거나 정보기관을 압박했다는 소식은 없었다.

　미국 의회가 성스럽고 지혜롭게 국가정보기관을 활용하고, 그 구성원들을 인(仁)과 의(義)로 보호한 것을 주목할 필요가 있다. 타산지석(他山之石)으로 삼을 일이다. 대한민국이 정보기술(IT) 강국이라는 것을 증명하려면 특단의 대책을 강구해야 한다. 미국의 대통령 비서실 안보특보를 지낸 사이버전 전문가가 북한의 사이버전쟁 수행 능력을 세계최고 수준으로 경고한 바 있기 때문에, 대한민국의 해킹방위 IT인력 증강은 시급하게 이루어져야 한다.

　정부는 국가안보 차원에서 핵심 소프트웨어를 개발하고 운영할 수 있는 IT인력 증강계획을 수립하고 실행해야 한다. 적의 공격을 방어하기 위해서는 10배 이상의 전력이 필요하다. 북한의 사이버 부대원수가 6000명이니, 대한민국은 적어도 그 10배인 6만명을 확보해야 한다. 금융보험업과 전산업, 방송통신업, 그리고 전문과학 및 기술서비스업 등 첨단기업들도 경영안보 차원에서 해킹방위 IT인력을 별도로 확보해야 한다.

2015.07.27. 헤럴드경제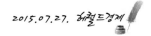

달포 전에 상륙한 메르스(중동호흡기증후군)가 진정세를 보이고 있지만 아직도 완전 진압되지 못한 가운데 면역력을 강화할 수 있는 몸 닦기가 강조되고 있다.

대학장구(大學章句)에 "마음이 있지 않으면(心不在焉), 봐도 보이지 않고(視而不見), 들어도 들리지 않으며(聽而不聞), 먹어도 그 맛을 알 수 없다(食而不知其味). 이를 일러 몸 닦기는(此謂修身) 그 마음을 바르게 하는 데에 있다(在正其心)"고 나와 있다.

원래 몸을 닦아 마음을 바르게 만드는 수신(修身)은 집안을 바르게 하고(齊家), 나라를 바르게 다스리며(治國), 천하를 평안(平天下)하게 하는 근본이다. 지금은 평천하를 위한 몸 닦기가 아니라, 개인위생을 위한 몸 닦기가 필수가 됐다. 눈으로 보려고 해도 보이지 않고, 귀로 들으려고 해도 들리지 않으며, 입에 들어가도 맛을 느낄 수 없는 균(菌)과 바이러스 때문이다. 균이 "인류의 운명에 치명적인 영향을 끼쳐왔다"고 제레드 다이아몬드(Jared Diamond) 교수는 1997년

국가적 위기대응 컨트롤 타워

에 출판된 그의 저서 '총, 균, 쇠(Guns, Germs, and Steel)'에서 밝혔다. 예를 들어 1875년 피지 추장이 호주를 다녀와서 감염된 홍역으로 피지인의 25%가 사망했고, 1779년에 약 50만명이었던 하와이 인구가 쿡 선장과 함께 상륙한 성병 등 각종 병원체와 1804년의 장티푸스로 인해 1853년에는 8만 4000명으로 감소했다는 것이다.

미생물 전문가에 의하면, 균은 세균과 진균, 즉 대장균과 같은 세균과 무좀균과 같은 곰팡이를 포함한다. 바이러스는 훨씬 더 작은 물질로 생물과 무생물의 경계에 있는데, 이러한 특성 때문에 숙주 없이는 생장이 어렵고, 따라서 대부분 숙주를 통해서 전파된다고 한다. 접촉이 바이러스 전파의 원인임을 알 수 있다.

메르스는 중동지역의 낙타를 숙주로 한 바이러스가 사람에게 옮은 경우다. 필자는 1979년부터 2년간 중동 건설현장에서 일하면서 현지인들이 서로 뺨을 맞대며 안부를 묻는 인사법을 목격했다. 정(情)이 듬뿍 묻어나는 인사법으로 인해 바이러스 전파가 기승을 부린 것 같다. 초동 대응이 미흡해 의료진이 메르스에 감염된 데다가, 한국적 정(情)의 문화로 표출되는 간병과 문병으로 인해 간병한 가족과 문병 온 친척과 친지에게 감염된 바이러스가 곳곳으로 퍼져나갔다.

지난 18일 취임한 신임 국무총리가 메르스 컨트롤 타워를 자임하고 나섰다. 궁극적으로 간병제도와 문병문화를 바꾸고 응급실과 다인실 감염을 차단하는 처방이 절실하지만, 정부는 우선 방역 거버넌스 체제를 점검할 필요가 있다. 매뉴얼이나 전문가를 활용하는 운용의 문제, 즉 컨트롤 타워의 역할 문제를 짚어봐야 한다. 즉각적 초동 대응이 어려웠다면, 프로토콜을 다시 점검하는 동시에 해당되는 프로토콜이 실무진에 의해 잘 숙지돼있는지도 점검해서 향후 위기관리역량을 격상시킬 필요가 있다.

메르스에 감염됐다가 완치된 사람들은 항체가 만들어져 면역력이 생기므로 같은 병이 재발되지 않게 된다. 위기를 겪은 대한민국이 같은 식의 위기를 극복할 수 있는 면역력이 생기도록 시스템적 처방을 해야 정부가 국민의 신뢰를 얻을 수 있다. 메르스와 같은 전염병 컨트롤 타워뿐만 아니라, 국가안보 컨트롤 타워와 국민안전 컨트롤 타워 등이 항상 작동해야 국민이 안심할 수 있다.

위기대응이 특정 개인의 임기응변식 개인기로 치부돼서는 문제가 해결되지 않고 더 심각해질 우려가 있다. 국가적 위기대응에는 개인플레이보다는 팀플레이가 성패를 좌우한다. 언제 어디서 일어날지 모르는 위기를 어느 컨트롤 타워에서 누가 어떻게 대응하는지에 대한 정보를 평상시에 정부와 국민이 공유해야, 비상시에 민·관이 효과적인 팀플레이로 극복할 수 있다. 정치가와 공직자도 국민처럼 몸을 닦아 마음을 바로(修身正心)해야 가능한 일이다.

2015.06.22. 헤럴드경제

공직자들에게 역사교육이 필요한 이유

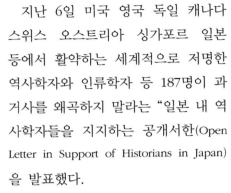

지난 6일 미국 영국 독일 캐나다 스위스 오스트리아 싱가포르 일본 등에서 활약하는 세계적으로 저명한 역사학자와 인류학자 등 187명이 과거사를 왜곡하지 말라는 "일본 내 역사학자들을 지지하는 공개서한(Open Letter in Support of Historians in Japan)을 발표했다.

아시아 평화를 위해 일본총리는 물론 한국대통령과 미국대통령. 중국주석, 러시아대통령 등 관련국가 지도자들이 가슴에 새겨야 할 마지막 두 문단은 다음과 같다.

"과거의 과오를 인정하는 과정은 민주적인 사회를 튼튼하게 하며 국가들 사이의 협력을 촉진한다. 남녀평등권과 여성의 존엄성이 '위안부' 문제의 핵심에 놓여있기 때문에 이 문제의 해결은 일본과 동아시아 그리고 세계의 남녀평등을 향한 역사적인 한 걸음이 될 것이다.
우리 교실들에서는 일본, 한국, 중국과 다른 나라들에서 온 학생들이 상호 존경과 성실을 바탕으로 이 어려

운 문제들에 대해 토의한다. 그들의 세대는 우리가 그들에게 물려준 과거의 기록과 함께 살아 갈 것이다. 그들이 성적 폭력과 강제적 인신매매가 없는 세상을 만드는 것을 도와주고, 아시아에서 평화와 우호를 증진시키기 위해서, 우리는 반드시 과거의 과오들에 대해 가능한 충실하고 편견이 없는 명세서를 남겨야 한다.

"The process of acknowledging past wrongs strengthens a democratic society and fosters cooperation among nations. Since the equal rights and dignity of women lie at the core of the 'comfort women' issue, its resolution would be a historic step toward the equality of women and men in Japan, East Asia and the world.

"In our classrooms, students from Japan, Korea, China and elsewhere discuss these difficult issues with mutual respect and probity. Their generation will live with the record of the past that we bequeath them. To help them build a world free of sexual violence and human trafficking, and to promote peace and friendship in Asia, we must leave as full and unbiased an accounting of past wrongs as possible."

과거에 대해 불편부당한 기록을 남기는 것이 미래 세대를 위하는 길임을 강조한 학자들의 목소리는 한국의 공직자들도 경청해야 할 대목이다.

역사적 과오를 되풀이 하는 것을 경계하고자 임진왜란 당시 영의정을 지낸 서애(西厓) 류성룡(柳成龍) 선생이 7년간의 전란사를 불편부당하게 기록한 책이 징비록(懲毖錄)이다. 그러나 300여년의 세월이 지난 후에 나라가 망했다.

결국 일본 군부에 의해 조선의 처녀들이 성적 노예로 강제적으로 끌

려간 '위안부' 비극이 일어났다.

조선의 공직자들이 징비록을 읽고 미리 경계했더라면 막을 수도 있었을 비극이다. 오늘날 북한의 도발과 강대국들의 패권주의가 한국을 시시각각 압박하고 있어 국가안보와 국민권익이 위협당하는 역사가 되풀이되고 있다. 공직자들이 국난 극복의 역사책을 읽고 오늘날의 현실과 비교하여 공부한다면, 지나간 일로 미래를 통찰할 수 있는 이왕찰래(以往察來)의 지혜를 발휘할 수 있다. 공직자들에게 역사교육이 필요한 이유다.

2015.05.11. 헤럴드경제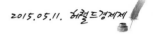

지난 13일 리퍼트 주한 미국 대사가 퇴원한 후 처음으로 외부 공식행사에 참석해 한미동맹을 강조하는 축사를 했다. 3주간 실시된 한미연합 군사훈련의 성공을 축하하기 위한 취지로, 금곡학술문화재단이 서울 조선호텔에서 개최한 행사에서다. 그는 축사에서 "피습 후 병원에 입원해 치료를 받는 동안, 뜨거운 성원을 보내준 한국정부와 미국정부, 그리고 한국 국민과 미국 국민에게 감사드린다"라고 말했다. 한국말로 "같이 갑시다"라고 축사를 마치면서 더욱 굳건한 한미동행을 강조했다.

논어의 계씨(季氏)편에서 공자는 "유익한 벗이 세 가지이고(益者三友), 손해를 끼치는 벗이 세 가지(損者三友)이다. 곧은 벗(友直), 헤아리고 살피는 벗(友諒), 견문이 많아 배울 수 있는 벗(友多聞)은 유익하다(益矣). 남의 비위를 잘 맞추어 아첨하는 편벽한 벗(友便), 마음이 유하여 남을 기쁘게 만드는데 싹싹하나 줏대가 약한 벗(友善柔), 말만 번지르르하게 실속 없이 빈말을 잘하는 벗(友便)은 손해된

리퍼트 대사와 샴포우 사령관

다(損矣)"고 했다. 리퍼트 대사는 지난 5일 서울 세종문화회관에서 열린 조찬행사에 참석했다가 칼로 얼굴을 피습 당했다. 매우 아픈 상처에도 불구하고 공직자로서 꼿꼿하고 의연한 모습을 보여주는 그의 모습에서 곧은 벗(友直)의 면모와 동맹국과 모국의 정부와 국민의 심정을 헤아리고 살피는 벗(友諒)의 모습을 봤다.

리퍼트 대사뿐만 아니다. 주한 미8군 사령관 겸 한미연합사령부 참모장인 샴포우 중장은 한미연합사령부 부사령관인 박선우 대장을 "나의 상관(my boss)"이라고 지칭하면서, "한미 양국은 어떤 역경도 극복하고, 군사부문 뿐만 아니라 경제 외교 등에서 인적관계의 교류를 확대해 자유와 평화유지라는 공동의 목표를 달성하자"고 강조했다. 주한 미국 대사와 주한 콜롬비아 대사 등 외교사절과 스위스와 스웨덴 등 중립국 대표단, 미국군 장군들과 영관급 장교들, 그리고 각계의 한국인들이 동석한 자리에서 미국군 중장이 한국군 대장을 '나의 상관'이라고 지칭하는 것을 들으면서, 샴포우 사령관이 솔선수범의 곧은 리더십을 보이는 벗(友直)이며, 동맹국을 헤아리고 살피는 벗(友諒)이라는 생각이 들었다.

개인 간에 벗을 사귈 때 사람들은 자기에게 유익한 벗인지 해로운 벗인지를 가늠하기 위해 '익자삼우(益者三友) 손자삼우(損者三友)'를 떠올리지만, 나라 간에 벗을 사귈 때도 마찬가지이다. 나라 간의 벗은 우방(友邦)이며, 우방이 공동의 목적을 위해 동일하게 행동하기로 맹세한 결과로 성립된 제휴관계가 동맹(同盟)이다. 샴포우 사령관은 영화 '국제시장'을 보면 한미동맹의 끈끈한 관계를 알 수 있으니, 아직 보지 않는 분들은 꼭 보라고 참석자들에게 권하기도 했다.

양국 국민이 바친 생명의 희생으로 나라를 지킨 동맹이 혈맹(血盟)이다. 한국과 미국의 동맹관계는 혈맹관계다. 1950년 6월25일 북한이 한국을 남침해 전쟁을 일으켰을 때, 한국군은 물론 미국을 주축으로 한 유엔군이 피를 흘리며 한국을 지켰다. 그들이 자유민주주의를 수호하기 위해 숭고한 피를 흘려 한국을 지켜내지 않았더라면, 오늘날 한국이 경제대국과 한류문화국가로 우뚝 서기는 불가능했을 것이다.

리퍼트 대사와 샴포우 사령관은 곧고, 살피며, 견문이 많은 익자삼우(益者三友)의 요건을 모두 갖추고 있다. 그들이 우리에게 유익한 벗이라면, 우리도 그들에게 유익한 벗이라야 벗의 관계가 유지되고 발전될 수 있다. 국가 간의 관계도 마찬가지다. 미국은 익자삼방(益者三邦)답게 한국의 안보를 곧게 살피는 유익한 맹방(盟邦)이다. 미국이 한국에게 유익한 맹방이면, 한국도 미국에게 유익한 맹방이라야 국가 간의 동맹관계가 유지되고 발전될 수 있다. 이를 헤아려 민간차원에서 매년 맹방의 벗들을 챙기고 살피는 금곡선생의 정성이 아름답다.

2015.03.16. 헤럴드경제

액자 속의 비전을 액자 밖으로 끌어내려면

정부 기관장실이나 학교 교장실에 국정 비전과 국정 기조를 담은 액자가 걸려있다. 액자 속의 비전을 밖으로 끌어내어 단위 조직차원에서 구성원의 생활 비전으로 연결해서 생활 역량을 키우지 않으면 국정 비전은 구현되기 어렵다.

더구나 미래 세대를 키우는 교육 현장에서 국정 비전을 구현하는 것은 쉽지 않다. 중용(中庸)에서 밝혔듯이, 교육은 도(道)를 닦아야 하는 매우 어려운 일이기 때문이다. 오늘날 교육자는 중용장구(中庸章句)의 "천명지위성(天命之謂性 하늘이 명한 것을 세상의 이치인 성이라 하고), 솔성지위도(率性之謂道 세상의 이치인 성을 따르는 것이 도라고 하며), 수도지위교(修道之謂敎 도를 닦는 것이 교육이다)"를 되새길 필요가 있다.

하늘이 명한 세상의 이치를 깨치고 정도를 닦는 교육현장에서 국정 비전이 구현되어야 세상이 바뀌고 국민 생활이 바뀔 수 있다. 그렇게 하려면 액자 속의 국정 비전을 구현할 국정 기조를 액자 밖으로 끌어내어 각 교육기관의 생활 기조로 연결하여야 한다. 정부의 국정 비전은 "국민행복과 국가발전이 선순환 하는 새로운 패러다임의 시대 ─ 희망의 새 시대"이고, 4대 국정 기조는 "경제부흥, 국민행복, 문화융성, 평화통일의 기반구축"이다.

첫째, 경제부흥을 학교생활 기조로 연결하기 위해서는 학교에서 창의적인 교육과 더불어 학생들이 미래에 창조적인 경제활동을 할 수 있는 직업 탐구 역량을 함양할 필요가 있다. 현재 중학생들의 직업세계 탐색을 도와주고 있는 자유학기제만으로는 부족하다. 이 제도를 고등학생들과 대학생들까지 확대 실시할 방안을 학교별로 강구해야 한다. 나아가 정규 교육과정이나 산학협동을 통한 '창의적 체험활동'을 통해 창조적 기업가정신을 교육한다면 창조경제역량을 지닌 인재를 육성할 수 있을 것이다.

둘째, 국민행복을 학교생활 기조로 연결하기 위해서는 학생이 행복할 수 있는 역량교육을 강화해야 한다. 행복은 누가 주는 것이 아니고 스스로 노력하여 느껴야 하는 것이다. 학생이 스스로의 존재가치를 인정받고 발휘해야 행복을 느낄 수 있다. 학생이 존재가치를 발휘할 수 있도록 교장과 교사가 행복교육 역량을 개발해야 한다. 교장은 교장으로서 존재가치를 발휘하고 교사는 교사로서 존재가치를 발휘한다면, 교장과 교사가 행복해지는 것은 물론 그들로부터 교육을 받는 학생들도 행복해질 수 있다.

셋째, 문화융성을 학교생활 기조로 연결하기 위해서는 교직원과 학생이 문화를 향유하고, 나아가 스스로 창의성을 발휘할 수 있는 문화역량을 함양해야 한다. 지금처럼 문화의 날을 정해 문화를 향유하도록 도와주는 것도 필요하지만, 적극적으로 문화활동에 참여토록 하는 것이 필요하다. 연극이나 뮤지컬 과목을 개설하거나 과외활동을 활용하

97

여 각 지방이 가진 독특한 문화를 소재로 작품을 만들어내는 창의적 활동을 통해 문화역량을 개발할 수도 있다. 교직원이나 학생이 창의성을 발휘하여 만들어 내는 문화작품을 지역의 관광프로그램으로 연결시킨다면 궁극적으로 문화융성에 기여할 수 있다.

넷째, 평화통일 기반구축을 학교생활 기조로 연결하기 위해서는 교육을 통해 학생들이 통일의 필요성을 이해하고 통일역량을 길러야 한다. 평화통일이 현실화되려면 국가안보가 튼튼해야 한다. 국가안보를 위해서 군사력은 물론 국민의 정신력이 앞서야 한다. 학교에서 평화통일 기반구축은 교육을 통해 자유민주주의 국가의 국민으로서 정체성을 지닌 통일역량을 함양하는 것이다. 나아가 각급 학교는 미국, 중국, 러시아, 일본 등 외국에 있는 자매학교와의 활발한 교류를 통해 한국 통일이 한반도의 평화뿐만 아니라 동북아 평화를 위해서도 꼭 필요하다는 여론을 조성할 필요가 있다.

국정 비전이 구현되려면 학교뿐만 아니라 정부의 각 단위조직차원에서 국정 기조를 구성원들의 생활 기조로 연결해서 생활 역량을 강화할 방안을 강구해야 한다.

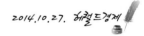

2014.10.27. 헤럴드경제

지난 24일 중앙공무원교육원에서 외국공무원들과 "공무원은 공복(公僕)인가 관리(官吏)인가"에 대해 토론할 기회가 있었다. 한국외교의 4대 파트너인 미국, 중국, 러시아 일본을 비롯해 독일, 프랑스, 페루, 칠레, 콜롬비아, 에콰도르 아시아의 말레이시아 카자흐스탄 우즈베키스탄, 아랍에미레이트, 그리고 남아프리카공화국에서 온 고급 공무원들이다.

나는 다음과 같이 세 가지 질문을 가지고 토론을 이끌었다.

첫째, 공무원은 관리(government official)인가? 공복(public servant)인가? 관리(government official)는 국민을 다스리려(govern)하고, 공복(public servant)은 섬기려(serve)한다. 공무원 스스로가 관리라고 인식하면 국민을 다스리려하지만, 공복이라고 인식하면 국민을 섬기려하기 때문에 이 질문을 했다. 그들은 대부분 관리로 자리매김한다고 답했다. 상황에 따라 관리일 수도 있고 공복일 수도 있다고 답하는 이들도 있었다. 섬김을 받을 자격이 있는 국민에게는 공복으로 대하고, 다

바꿀 역易과 쉬울 이易는 왜 같은 글자일까?

스림을 받아야 할 국민에게는 관리로 대한다는 논리이다. 합리적이다.

둘째, 바꾸는 것은 어려운 것인가 쉬운 것인가? 자신이 국민을 다스리는 관리라고 인식하는 공무원이 국민의 심부름꾼인 공복으로 스스로 바꾸는 일은 쉽지 않기 때문에 이 질문을 던졌다. 선진국 공무원들이나 개발도상국 공무원들이 모두 이구동성(異口同聲)으로 바꾸는 것은 어려운 것이라고 답했다. 관리(官吏)란 단어는 왕조시대의 유물이고 공복(公僕)은 민주시대의 산물이다. 왕조시대의 젊은이들은 수신제가치국평천하(修身齊家治國平天下)의 꿈을 안고 과거시험 준비를 했다. 어려운 과거에 급제해야 관리가 될 수 있었다. 어렵게 관리가 된 공무원이 국민을 다스리는 것을 당연하게 받아들였다. 민주시민사회의 시대정신은 국민을 다스리는 공무원보다는 국민을 섬기는 공무원을 원한다. 그래서 생겨난 말이 국민의 심부름꾼인 공복(公僕)이다. 절대왕권사회가 민주시민사회로 바뀌었지만 공무원을 선발하는 방식은 별로 바뀌지 않았다. 과거에서 고시로 이름만 바뀌었다. 공무원의 의식을 관리에서 공복으로 타의적으로 바꾸기는 어렵다. 그렇지만 그들이 의식을 바꾸면 국민이 행복해진다. 그들이 스스로 공복의식을 가질 수 있는 새로운 인사제도가 필요한 때이다.

셋째, 바꿀 역(易)과 쉬울 이(易)는 의미가 다른데, 왜 같은 글자를 사용할까? 공무원이 보민보국(保民保國)의 책무를 다하려면 관리의 자세뿐만 아니라 공복의 자세도 필요하다. 공무원이 관리라는 의식에서 공복이라는 의식으로 바꾸기가 쉽지 않기 때문에 이 질문을 했다.

바꾸는 것은 쉽지 않음이 분명한데, 왜 바꿀 역(易)과 쉬울 이(易)라는 동자이의어(同字異議語)를 만들어 사용했을까? 고대사회에서조차 바꾸는 것은 어렵기 때문에 어렵다는 고정관념을 깨기 위함일 것이라는 토론이 전개됐다. "바꾸는 것은 쉽다"라고 사람들의 생각을 바꾸려는 의도일 것이다.

　현대사회에서 관리로 인식하는 공무원을 공복으로 인식하도록 바꾸기 위한 노력은 다각도로 이루어지고 있다. 예를 들면, 공무원을 교육하는 기관의 명칭을 시대정신에 맞게 바꾸는 현상이다. 한국의 중앙공무원교육원 영어명칭은 아직 "Central Officials Training Institute"이지만, 영국은 "School of Government"에서 "Civil Service College"로 바꾸었다. 공무원교육과정을 다스리는(govern) 역량교육에서 섬기는(serve) 역량교육으로 패러다임을 바꾸겠다는 상징이다.

　국민을 섬기는 역량을 배양한 공무원이라 할지라도 다스림을 받아야 할 행동을 한 국민을 섬길 수는 없다. 국민이 섬김을 받을 수 있도록 바뀌어야 다스리려는 공무원이 섬기려는 공무원으로 바뀔 수 있다.

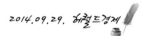

2014.09.29. 헤럴드경제

무신불립無信不立 : 신뢰가 없으면 바로 설 수 없다

지난 주 한국을 국빈 방문한 중국의 시진핑(習近平) 국가주석이 무신불립을 강조하였다. 한자 문화권인 일본의 아베(安培) 총리도 무신불립이 왜 중요한지 알고 있을 것이다. 무신불립은 논어의 안연(顔淵)편에 나와 있다. 백성의 '양식을 풍족(足食)'하게 만들고, '군대를 풍족(足兵)'하게 만들며, '백성들의 신뢰(民信)'를 얻는 것이 정사(政事)이지만, 족식(足食)과 족병(足兵)보다 백성의 신뢰(民信)가 우선이므로 '백성의 신뢰가 없으면 바로 설 수 없다(民無信不立)'고 공자가 말했다. 시진핑 중국 국가주석이 말했듯이 나라와 나라 사이도 상호 신뢰가 있어야 좋은 관계를 정립할 수 있다. 나라 안에서도 마찬가지이다. 여당과 야당 사이도 상호 신뢰가 있어야 좋은 관계를 정립할 수 있다. 정당 내 파벌이 있다면, 파벌 간에도 신뢰를 보여주어야 국민들로부터 공당으로 인정받고 지지받을 수 있다.

2500여년전 유효했던 무신불립의 정치철학은 오늘날에도 여전히 유효하다. 무신불립이 작동하는 현대 민주주의의 메카니즘은 선거이다. 선거를 통해 주권자인 국민으로부터 신뢰를 더 많이 얻는 정당이 중앙행정과 지방행정 책무를 맡는 구조이다. 후보자들이 국민의 신뢰를 얻으려는 정책경쟁을 하면 민주주의가 발전하고, 정책경쟁 없이 이전투구하면 민주주의가 퇴보한다. 오늘날 한국은 내우외환(內憂外患)의 위기에 봉착했다. 먼저 자기 자신에 대한 신뢰의 상실로 스스로 목숨을 끊고 있는 심각한 내우(內憂)가 있다. OECD 34개 회원국가 중 한국의 자살률이 10년 연속 가장 높은 것으로 나타났다. 사회적 위기이다. 2012년 기준으로 인구 10만명당 29명이 자살한 것이다. 자기 생명을 경시하는 사회적 위기를 극복하기 위해서는 보건복지부뿐만 아니라 정부가 범부처 차원에서 종합적으로 자살 원인을 규명하고 장단기 처방을 내놓아야 한다. 궁극적으로 자기 신뢰를 회복하고 생명을 존중하는 문화를 창달할 수 있는 방안이 필요하다.

또 다른 내우(內憂)는 집단 간 불신으로 인한 갈등비용이 너무 크다는 것이다. 지역 간 불신은 교류로 풀고, 세대 간 불신은 소통으로 풀어야 한다. 불신을 극복하고 신뢰사회를 만들기 위해서는 문화를 바꾸어야 한다. 사회문화를 바꾸기 위해서는 학교 안 교육의 문화는 물론 학교 밖 교육의 문화가 바뀌어야 한다. 미디어는 문화를 바꾸거나 새로운 문화를 만들어낸다. 통신기술의 발달로 미디어가 학교 밖에서 국민들의 정신생활에 교육적인 영향력을 발휘하고 있다. 세계적으로 한류 열풍을 만들어 낸 주인공이 미디어이다. 미디어야말로 집단 간의 첨예한 대립을 소통과 대화로 풀어나가는 신뢰문화를 창달할 수 있다.

지난 주 일본 아베(安倍)내각이 집단자위권 헌법 해석 변경으로 전쟁을 할 수 있는 나라임을 선언하여 여러 나라의 우려를 자아내고 있다. 그런데 한국의 혈맹인 미국이 일본의 조처를 지지하고 나섬으로써 한

국은 외환(外患) 위기에 봉착하고 말았다. 외환(外患)위기를 극복하려면 한국 국민이 단결하는 모습을 국제사회에 보여 줄 필요가 있다. 박대통령이 지난 3월28일 통일독일의 드레스덴 공과대학에서 선언했던 대북제안인 "인도적 문제의 우선 해결·민생 인프라의 구축·동질성 회복"이 탄력을 받을 수 있도록 한반도 신뢰프로세스를 거국적으로 지원한다면 남북통일 환경이 조성될 수 있고 다자외교의 주도권도 확보할 수 있다.

급변하는 동북아 정세 속에서 한국이 내우외환(內憂外患)의 위기를 슬기롭게 극복하고 발전하기 위해서는 나라 안의 정치 세력들 간의 신뢰회복이 필요하다. 중앙정부와 지방정부를 분담하고 있는 여야가 합심하여 무신불립의 신뢰문화 창달에 앞장서는 모습을 국제사회에 보여주어야 할 때이다. 금곡(金谷)선생은 "한국이 모방의 시대와 절충의 시대를 지나 창조의 시대를 맞이하였다"고 일렀다. 모방의 시대에는 타율문화가 불가피했다. 절충의 시대에 자율문화가 싹이 텄다. 창조의 시대를 꽃피우려면 자율문화가 필수적이다. 자율문화가 정착되면 정부는 창조행정, 기업은 창조경영, 학교는 창조교육이 가능해져 문화자본을 축적할 수 있다. 문화자본이 축적되면 한국은 문화대국으로 우뚝 설 수 있다.

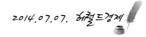

2014.07.07. 헤럴드경제

국가를 개조하려면 국가 시스템과 교육·문화를 같이 바꿔야 한다. 1993년 서해훼리호 침몰과 1995년 삼풍백화점 붕괴의 교훈을 살리지 못해 2014년에 세월호 참사가 또 일어났다. 과거로부터의 적폐(積弊)가 원인이지만, 한국이 양적인 경제성장에 성공하였으나 질적인 선진문화 창달에 실패한 탓도 크다.

국민이 안심하고 살 수 있는 안전한 국가를 만들기 위해서는 선진적인 사회문화가 창달될 수 있도록 교육이 바뀌어야한다. 논어의 계씨(季氏)편에 나오는 "아홉 가지 생각(九思)"인 시사명(視思明), 청사총(聽思聰), 색사온(色思溫), 모사공(貌思恭), 사사경(事思敬), 의사문(疑思問), 분사난(忿思難), 그리고 견득사의(見得思義)가 제대로 실천되지 않고 있는 사회문화 현상을 교육자로서 반성해본다.

생각(思)이란 글자는 밭(田)에 있는 농작물을 살피는 농부의 마음(心)에서 유래되었다. 시사명(視思明)이란 사물이나 현상을 볼 때 분명하게 보려는 생각이다. 일본의 선령제한은 20

국가 시스템과
교육·문화
함께 바꿔야

년인데, 한국이 30년까지 늘려준 것이 화근이었다. 안전한 선령제한 기준을 분명하게 보았다면 기간을 늘려주지 않았을 것이고, 원천적으로 사고를 예방할 수 있었을 것이다.

청사총(聽思聰)이란 한쪽 이야기만 듣지 말고 전체이야기를 귀담아 들으려는 생각이다. 한쪽 이야기만 듣고 정책을 입안하거나 의사결정을 하면 부실해질 수밖에 없다.

색사온(色思溫)이란 온화하게 얼굴색을 보이려는 생각이다. 온화한 얼굴을 보이려면 자기 수양을 끊임없이 해야 한다. 자기 수양을 하면 반사회적 행동을 자제할 수 있다. 학교뿐만 아니라 일터에서도 자기 수양을 위한 인문교양교육이 필요한 이유이다.

모사공(貌思恭)이란 용모를 공손히 하려는 생각이다. 마음이 바로 서야 행동을 바르게 할 수 있고, 행동이 바르면 공손할 수 있다. 공손한 것이 몸속에 체화(體化)되면 기본을 지킬 수 있다. 기본을 체화시키는 안전교육을 학교와 일터에서 반복적으로 실시해야 생명을 지킬 수 있다.

언사충(言思忠)이란 온 마음을 다해 충심으로 말하려는 생각이다. 충심을 다해 말하려면 맡은 일에 정통해야 한다. 맡은 일에 정통하려면 현장 확인이 필수적이다. 책상 위로 전달되는 보고서에 의존하여 말을 하게 되면 실수할 가능성이 크다. 누구든지 말을 실수하면 신뢰를 받기 어렵다.

사사경(事思敬)이란 공경하는 마음으로 일하려는 생각이다. 교육자는 물론 모든 공직자와 기업인이 다함께 공경하는 마음으로 일하는 일터 문화를 만들고, 직업능력개발을 지속적으로 실시해야할 이유가 여기에 있다.

의사문(疑思問)이란 질문을 할 수 있도록 의문을 가지려는 생각이다.

평소에 자기가 맡은 일에 대해 공부를 해야 의문이 생기고, 의문이 생겨야 질문거리가 생겨서 시스템을 바꿀 수 있고 사람도 바꿀 수 있다.

분사난(忿思難)이란 지나치게 분노하게 되면 그것으로 인해 얻는 어려움이 오히려 클 수 있다는 생각이다. 분노만 할 줄 알았지, 분노의 에너지를 생산적인 에너지로 바꿔 적폐를 청산할 수 있도록 교육하지 못했다.

견득사의(見得思義)란 얻을 것을 보면 옳은가 옳지 않는가를 따져보려는 생각이다. 기업의 목적을 단순하게 이윤창출이라고 학교에서 가르친 잘못이 크다. 고객의 행복에 기여한 결과로 기업이 이윤을 창출해야 한다고 교육을 통해 바로잡아야 한다.

대통령이 석가탄신일인 지난 6일 조계사에서 밝힌 개조될 국가 시스템이 제대로 작동되려면 시스템을 운영하는 공직자는 물론 모든 국민이 생각을 바꿔야한다. 생각이 바뀌려면 교육이 바뀌어야 한다. 교육이 바뀌어야 문화가 바뀌고, 문화가 바뀌어야 나라가 바뀐다.

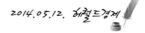

2014.05.12. 헤럴드경제

손자병법이 말한 '간첩의 다섯 가지 길'

북한의 소형 무인정찰기가 청와대를 비롯한 주요 시설과 지형을 촬영한 것이 발각되었다. 무인기가 우리의 중요한 정보를 수집한 것은 명백한 간첩(間諜)행위다.

"옛 사람들이 간첩을 활용한 것은 그 묘한 것이 한 가지만이 아니다(古人用間 其妙非一). 군대를 이간질하기도 하고(有間其軍者), 친한 자를 이간질하기도 하며(有間其親者), 현자와 유능한 자를 이간질하기도 하고(有間其賢者能者), 협조자를 이간질하기도 하며(有間其助者), 이웃나라를 이간질하기도 하고(有間其隣好者), 좌우측근을 이간질하기도 한다(有間其左右者). 고(故)로 간첩의 길에는 다섯 가지가 있다(間道有五焉)."라고 손자병법 용간편(用間篇)에 나와 있다.

다섯 가지 간첩의 종류는 그 소임에 따라 향간(鄕間), 내간(內間), 반간(反間), 사간(死間), 그리고 생간(生間)으로 나눈다. 향간은 적국(敵國)의 간첩으로 활동하는 아국(我國)의 민간인이다. 내간은 적국의 간첩으로 활동하는 아국의 공무원이다. 반간은 이 중간첩이다. 사간은 체포되어 거짓 정보를 흘려 아국을 혼란에 빠뜨리는 적국의 간첩이다. 생간은 아국에서 첩보활동을 한 후 살아 돌아가는 적국의 간첩이다.

향간과 내간은 국가기밀과 산업비밀 등 중요한 정보를 적국에 보내는 역적이다. 반간과 사간은 아국의 유능한 인재를 제거하기 위해서 활용되고, 아국과 우방의 주요 정파나 인사들을 이간질시키며 국론을 분열시키기 위해서도 활용된다. 생간은 모든 간첩활동을 한다.

적국의 간첩이 위장전술의 일환으로 표준말을 구사하듯이, 적국의 무인기가 아국의 물자를 사용하는 것 역시 위장 전술의 하나이다. 그럼에도 불구하고 무인기가 한국의 아래한글 글자체를 사용했다고 하여 북한의 소행이 아니라고 주장한다면, 결과적으로 국론을 분열시키려는 적의 의도에 휘말리는 꼴이다.

이번에 백령도와 파주 그리고 삼척에서 발견된 무인기는 아국의 중요한 시설과 지형을 촬영해서 중요한 정보를 빼내가는 향간과 내간의 역할을 하였다. 뿐만 아니라 군 당국이 무인기가 북한의 소행이라고 발표를 했지만, 무인기가 북한제가 아니라고 주장하는 사람들이 있어서 국론을 분열시키고 있다. 국론 분열 상황은 간첩활동을 한 무인기가 대한민국 내부를 이간질시키는 사간의 역할까지 하고 있음을 보여준다. 무인기가 추락해서 돌아가지 못했지만, 만약 촬영한 사진을 송신했다면 이는 생간의 역할까지 모두 수행한 것이다.

북한의 소형 무인정찰기가 향간·내간·사간·생간의 네 가지 역할을 수행하는 위협적인 상황이다. 국군의 첨단화가 시급한 상황에서 국가안보에 여야가 따로 없다면, 여야가 머리를 맞대고 대비책을 강구해야 한다.

동서고금을 막론하고 적이 보낸 사간과 생간보다 내부를 이간질시

키는 내부의 역적인 향간과 내간이 더 위협적이다. 독일통일 전에 동독을 위해 간첩활동을 했던 서독의 민간인 향간들과 공무원 내간들이 있었음이 통일 후에 밝혀졌다. 타산지석(他山之石)으로 삼아 대비할 필요가 있다.

　국가안보는 평화통일의 필요조건이다. 국가 지도자들이 국론을 분열시키고 우방을 이간질시키려는 간첩활동의 진의를 간파하지 못하고 행동하면 국가안보가 위험해진다. 국론이 분열되면 국민통합과 평화통일은 어렵게 된다. 곧 출범 예정인 대통령 직속 통일준비위원회는 평화통일에 걸림돌이 되는 향간과 내간을 퇴치할 수 있는 특단의 방안을 강구해야 한다. 적이 보낸 사간과 생간이 노리는 국론분열과 이간질에 당하지 않을 방안도 아울러 강구해야 한다.

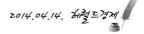

2014.04.14. 헤럴드경제

손자병법에 "적을 알고 나를 알면 백 번 싸워도 위태롭지 않고(知彼知己 白戰不殆), 적을 모르고 나만 알면 한 번 이기고 한번 지며(不知彼而知己 一勝一負), 적도 모르고 나도 모르면 싸울 때 마다 필시 진다(不知彼不知己 每戰必敗)"고 적혀 있다.

작금의 "적도 모르고 나도 모르는" 정보유출 대란으로 민심이 흔들리고 있다. 금융권과 통신사가 보유한 개인정보가 유출되어 고객들이 피해를 본 것이다. 불안한 고객들이 자구책으로 신용카드와 계좌번호를 바꾸고 있다. 고객정보 유출이 반복되면 신용사회의 뿌리가 흔들린다. 신용사회의 뿌리가 흔들리면 민심이 이반된다. 고객 정보를 훔쳐가는 보이지 않는 도적과 싸우지 않고도 이길 수 있는 벌모(伐謀)전략과 벌교(伐交)전략을 내놓아야 민심을 얻을 수 있다.

벌모전략과 벌교전략을 만들려면 우선 적도 알고 나도 알아야 한다. "적을 알고 나를 알면 백전백승(知彼知己 百戰百勝)"이라고 하지만, "백전백승은 잘하는 것 중의 잘하는 것이

벌모伐謀전략과 벌교伐交전략

아니라(百戰百勝 非善之善者也)", 백번 싸워 백번 이겨봐야 인명이 사상(死傷)되므로 "싸우지 않고 적을 굴복시키는 것이 잘하는 것 중의 잘하는 것(不戰而屈人之兵 善之善者也)"이라는 것이다.

손자가 제시한 최선의 전략은 벌모(伐謀)이다. 적의 음모를 정벌하여 적으로 하여금 아예 싸움을 못하게 굴복시키는 것이다. 차선책은 벌교(伐交)이다. 적의 외교를 정벌해 고립시킴으로써 싸울 역량을 분쇄하는 것이다. 차차선책이 벌병(伐兵)으로 적의 군대를 정벌하는 것이고, 하책은 공성(攻城)으로 성을 공격하는 것이다.

정보화시대의 컴퓨터망은 옛날의 성곽과 같다. 오늘날 정부나 기업이 보이지 않는 도적의 공성에 위협당하고 있다. 컴퓨터 성곽이 어떤 이유로건 소중한 정보를 도둑질당할 정도로 허술하다면 정보통신 강국인 한국 기업의 입지가 흔들리는 위기(危機)라고 해도 과언이 아니다.

위기에는 정면 돌파가 해답이다. 당장의 위기모면에 급급하지 말고, 지금의 대응전략이 장차 어떤 결과를 가져올 것인가를 주도면밀하게 따져보아야 한다. 위기는 다각도에서 판단해야 하고, 근본적인 조치를 취하여야 한다. 위기를 해결하려고 시도할 적에 우선 무엇이 문제인지 확실히 파악해야 한다. 평면적이 아니라 입체적으로 문제를 분석해야 한다. 문제가 무엇인지 분석할 적에 인력과 시스템, 예산, 제도, 환경, 그리고 상황을 면밀히 분석해야 한다. 그리고 그 문제를 기관의 자체 역량으로 해결할 수 있는 문제인지 아닌지 따져보아야 한다. 기관이 자체적으로 해결할 수 있는 일이 무엇이고, 타기관의 협업을 받아야 할 일이 무엇인지 문제를 쪼개보아야 한다.

문제를 계량화해 분석하는 것도 필요하다. 예를 들어 컴퓨터망을 공격해 정보를 훔쳐가는 도적들은 근거지별로 몇 명인가? 정부기관과 기업에 24시간 내내 이들의 침입을 막아낼 방어역량을 가진 컴퓨터 보안전문가의 수는 적정한가? 교육기관이 양성하는 전문가의 질적 수준과 양적 수준은 적정한가?

컴퓨터 보안전문가를 양성하기 위해서 기술교육뿐만 아니라 윤리교육도 필수적이다. 바른 직업윤리를 갖추지 않고 보안업무를 담당하면 위험하다. 직업윤리를 가다듬고 새로운 기술개발을 위한 계속교육도 지속적으로 필요하다. 적정 예산과 역량 있는 컴퓨터 보안전문가를 확보해야 개인정보와 산업기술정보는 물론 국가안보정보를 넘보지 못하게 하는 벌모전략이 나올 수 있다. 보이지 않는 도적이 빼내가는 정보를 이용해 나쁜 이익을 추구하는 세력을 찾아내고, 불법적인 먹이사슬을 끊어내는 벌교전략도 아울러 구사해야 신용사회를 구축하고 민심을 얻을 수 있다.

2014.03.17. 헤럴드경제

노노老老 장장長長 휼고恤孤의 혈구지도絜矩之道

천하를 평(平)하게 하려면 통치자는 백성들이 노인을 노인답게 대우하고, 어른을 어른답게 대우하며, 나라가 고아를 구휼해야 한다는 의미로 노노(老老) 장장(長長) 휼고(恤孤)해야 하며, 이것이 혈구지도(絜矩之道)라고 '대학(大學)'에 기록돼 있다.

요즈음 일자리가 없는 청년들이 사회적 고아가 되어 통치자가 구휼의 손길을 내밀어 주길 학수고대하고 있다. 청년들에게 일자리를 만들어 주는 몫은 정부와 기업의 어른들에게 있다.

일자리는 생계수단이며, 일자리가 있어야 청년들이 결혼을 할 수 있고, 결혼을 해야 인구가 늘어날 수 있다. 나아가 일자리는 자아실현의 마당이며, 청년들에게 국가 발전과 인류사회에 공헌할 수 있는 기회를 제공해 준다. 청년을 사회적 고아로 만드는 실업 문제는 더 이상의 개인의 문제로 치부하기엔 너무 심각하다. 정부가 반드시 해결해야 할 국가적 과제이다.

청년 일자리 문제는 사회에 첫발

을 내딛는 각급 학교 졸업생은 물론, 취업을 포기한 구직 단념자, 취업시험을 재수·삼수하며 졸업을 늦추고 있는 대학생, 휴학을 하면서 각종 국가고시를 준비하고 있는 청년까지 포함하면 매우 심각하다. 일자리가 없는 젊은이들의 숫자가 누적될수록 신뢰는 떨어지고 갈등이 늘어난다. 일자리 문제는 교육과 고용이 연계된 사회경제적 관점에서 풀어야 한다. 왜냐하면 학교가 배출하는 인력 공급구조와 노동시장이 필요로 하는 인력 수요구조의 괴리로 인해 기업은 구인난이지만 청년들은 구직난인 일자리 미스매칭 문제가 기업경쟁력 저하는 물론 국가경쟁력을 저하시키는 사회경제적 문제기 때문이다.

청년 일자리 창출을 위한 교육 시스템과 사회 시스템이 제대로 구축되어야 이 문제를 해결할 수 있다. 모든 학생들을 대학을 향해 한 줄로 세우는 모노레일(mono-rail) 체제를 여러 줄 가운데 한 줄을 선택을 할 수 있는 멀티트랙(multi-track) 체제로의 개편이 순조롭게 이루어져야 한다. 정부가 새해부터 '한국형 일·학습 듀얼시스템'을 가동시킨다고 하니 지켜볼 일이다. 과거처럼 기업이 정부 지원을 받아 실습생에게 제대로 교육훈련은 시키지 않고 허드렛일만 시켜 실패했던 전철을 밟지 않아야 할 것이다. 교육 시스템을 고용친화적으로 개편하는 한편, 여러 줄 가운데 한 줄을 선택해도 인간의 존엄성을 지키고 행복하게 살 수 있도록 사회 시스템도 고용친화적으로 개편해야 한다. 청년 도전을 지원하는 정부 시스템, 청년실패를 포용하는 사회 시스템, 그리고 청년 해외 일자리 창출을 위한 국제 네트워크 시스템이 필요하다.

일자리는 청년 생계를 위한 인간안보 과제이자, 사회건강도 제고를 위한 사회안보 과제이며, 국가경쟁력과 직결되는 국가안보 과제이다. 정부가 세금으로 직접 일자리를 창출하려고 하면 공공부문이 비대화

되어 민간부문을 위축시키는 부작용이 발생하므로 민간부문의 일자리 창출을 유도하는 지렛대 전략을 구사해야 한다. 청년 일자리 창출은 정부 혼자만의 노력으로 이루어질 수 없다. 일자리 창출의 주역인 기업을 움직여야 한다. 정부는 중소기업과 중견기업 대기업과 다국적기업 등 기업과 특성화고와 전문대학 및 종합대학 등 교육기관 등 사회 각 분야에서 중추적인 역할을 하는 어른들의 유기적 네트워크를 구축·활용하여 일자리 창출을 할 수 있다.

청년들이 일자리가 없어서 사회적 고아로 추락하는 것을 막고, 미래세대의 주역으로 비상하도록 도와주기 위해서 기업이 청년 일자리를 만들도록 정부가 적극적으로 나서야 한다. 그래야 정부와 기업의 어른들이 모두 어른 대접을 받을 수 있다. 일자리 없는 청년들에게 구휼의 손길이 닿아서 그들이 일자리를 갖게 되면, 가정에서 효(孝)가 일어나 노인들은 노인대접을 받고 어른들은 어른대접을 받아 나라가 평안해질 것이다.

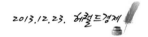

2013.12.23. 헤럴드경제

'한반도가 있어 동해바다가 있고,
동해바다가 있어 독도가 있네.
파란 하늘 바람을 머리에 이고,
푸른 바다 물결을 가슴에 안았네.
해국(海菊)이 수줍게 반기는
독도 땅에 살포시 발을 딛고,
맑은 숨을 쉬고 나니,
내 마음도 덩달아 맑아지네.
독도가 있어 동해바다가 있고,
동해바다가 있어 한반도가 있네.'

이상은 필자가 지난 22일 독도를 방문한 소감이다. 독도는 1530년 제작된 우리나라의 신증동국여지승람(新增東國輿地勝覽)의 부도인 동람도(東覽圖)의 팔도총도(八道總圖)에 우리 영토로 표기돼 있다. 독도가 우리 땅임을 증빙하는 일본자료를 울릉도에 소재한 독도박물관에서 보았다. 1592년 일본이 한반도를 침략한 임진왜란 당시 도요토미(豊臣秀吉)의 명령으로 구키 요시타카(九鬼嘉隆) 등이 제작한 조선국지리도(朝鮮國地理圖)에는 독도와 울릉도는 물론 대마도(對馬島)까지 조선의 영토로 표기되어 있다.

독도가 있어 한반도가 있다

국가 간 영토분쟁에 활용돼 국제적으로 공인된 자료인 삼국접양지도(三國接壤之圖)도 보았다. 1785년에 일본의 지리학자인 하야시(林子平)가 제작한 이 지도는 삼국통람도설(三國通覽圖說)에 수록되어 있으며, 일본과 조선, 류큐(琉球-오키나와), 하이국(蝦夷國-아이누족 국가), 그리고 오가사와라(小笠原) 군도가 그려져 있다. 나라마다 다르게 채색된 이 지도에는 대마도와 독도가 조선의 영토로, 동해가 조선해로 표기되어 있다. 조선해 가운데 2개의 섬인 울릉도와 독도를 조선과 같은 색으로 그렸고, 죽도(竹嶋)라고 써놓고 '조선의 것(朝鮮ノ持二)'이라고 기록한 것도 보았다. 호사카(保坂祐二) 세종대 교수에 따르면, 일본이 오가사와라 군도를 두고 미국과 영유권 분쟁을 하던 1854년에 독도가 조선 땅으로 표기된 프랑스어 번역판 삼국접양지도를 제시해 영유권을 인정받은 역사적 사실이 있다. 일본의 주장은 자가당착임을 알 수 있다.

1900년 10월 25일 대한제국 칙령 제41호로 울도 군수가 울릉전도, 죽도·석도를 관할한다고 명시하였다. 석도는 돌섬인 독도이다. 일본은 독도에 대해 무주지 선점을 위한 국제법상 국가의사의 표현으로 1905년 2월 22일 시네마현 고시 40호를 거론하지만 이는 소수가 회람한 것에 불과하다. 대한제국은 일본보다 먼저 중앙정부 차원에서 공포한 칙령이고, 일본은 지방정부 차원에서 뒤늦게 고시한 회람이다. 분명한 차이가 있다. 그럼에도 불구하고 일본의 독도 침탈 음모가 더욱 구체화돼가고 있다. 일본 각료들이 독도 영유권을 주장한 뒤 이를 국방백서에 수록하고 교과서를 왜곡하더니, 국제사법재판소를 통해 독도 침탈을 시도하다가, 이제는 진실을 왜곡하는 동영상을 만들어 국제적 여론몰이에 나서고 있다. 일본 외무성은 독도 영유권을 주장하는 1분27초짜리 동영상을 만들어 지난 16일에 유포했고, '독도 100문 100답집'

을 만들어 유포할 계획이라고 하니, 여론몰이를 한 다음 수순으로 무력도발이 우려된다.

이 동영상에서 제2차 대전 패전국인 일본이 승전국인 연합국과 체결한 1951년 샌프란시스코 평화조약에 독도가 한국 땅이라는 명문 규정이 없다는 근거로 독도에 대한 영유권을 주장하고 있지만, 당시 회담에서 사용했던 지도에는 독도가 일본 영토에서 배제되어 있다는 사실에 대해서는 입을 다물고 있는 교활함을 보이고 있다. 그 지도가 미국 국립 문서기록 관리국에 당시 샌프란시스코 평화회담의 미국 전권대사인 존 포스터 덜레스(John Foster Dulles)의 '대일평화조약 문서철'에 보관되어 있음에도 불구하고 일본 정부는 진실을 왜곡하고 있다.

독도의 날인 10월 25일의 한국 군·경 독도방어 합동훈련에 대해 일본 정부가 항의했다. 적반하장(賊反荷杖)이다. 한국의 국가안보 차원에서 국방력 강화는 기본이며, 초정파적 협력을 통해 국토를 수호해야 한다.

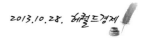

2013.10.28. 헤럴드경제

무항산無恒產이면 무항심無恒心

김능환 전 대법관이 '편의점 아저씨'의 삶을 택해 세간의 화제였는데, 5개월 만에 접고 9월부터 로펌에서 일한다고 해 또 다시 화제다. 그는 떳떳이 살 수 있는 생업으로 '편의점'에서 전문성이 있는 '로펌'으로 바꾸었다. 로펌행을 택하며 기자들에게 보냈다는 '무항산(無恒產)이면 무항심(無恒心)'은 맹자의 '양혜왕장구' 상편에 나오는 말이다.

"만약 백성이 떳떳한 생업이 없으면(若民則無恒產) 그로 인해 떳떳한 마음이 없어진다(因無恒心). 만일 떳떳한 마음이 없어지면(苟無恒心) 방탕하고 아첨하며 사악하고 사치스러운 짓(放邪侈)을 그만두지 못할 것(無不爲己)이니, 백성이 이로 인해 죄를 짓고(及陷於罪然後), 그래서 이들을 형벌에 처한다면(從而刑之), 이는 백성에게 형벌을 주기 위해 그물망질을 하는 것이다(是罔民也). 그러므로 어찌 어진이가 재위하면서(焉有仁人在位) 그물망질할 수가 있으리요(罔民而可爲也). 고(是故)로 명군(明君)은 백성의 생업

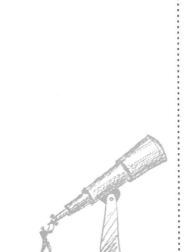

을 마련해주되(制民之産), 위로는 부모를 섬기기에 충분하고(必使仰足以事父母), 아래로 처자를 부양하도록 하여(俯足以畜妻子), 풍년에는 배가 부르게 하고(樂歲終身飽), 흉년에는 굶어죽는 것이 없도록 한 후에(凶年免於死亡然後), 백성이 착한 일을 실천(驅而之善)하게 했다. 고(故)로 백성이 통치자의 명령을 쉽게 따랐던 것(民之從之也輕)이다."

맹자가 지적한 국가 최고통치자의 중요한 책무는 백성이 인간다운 삶을 영위할 수 있도록 일자리를 갖게끔 돌보는 것이다. 일자리가 없으므로 인해 죄를 짓도록 방치하는 것은 국가 최고통치자의 소임이 아니라는 것이다. 떳떳한 일자리가 없으면 떳떳한 마음이 없어져 쉽게 범죄로 이어지게 되는 것은 동서고금을 막론한 공통적인 현상이다.

필자가 한국직업능력개발원장 재직 시 화성직업훈련교도소를 방문해 교도소장으로부터 들은 바에 의하면, 수감자 대부분이 수감 전에 떳떳한 생업이 없었다는 것이다. 바른 직업관 교육과 일자리 창출을 위한 국정리더십을 왜 발휘해야 하는지 실감하는 자리였다. 그 후 법무부로부터 수형자의 직업능력 개발에 대한 요청을 받아 연구한 결과 연구책임자인 김기홍 박사팀(2010)은 수형자의 직업능력 개발이 재범을 낮추거나 없애는 효과가 있음을 발견했다. 즉, 직업훈련을 이수한 수형자의 재복역률이 직업훈련 비이수 수형자의 재복역률보다 낮게 나타난 것으로 밝혀졌다. 이는 교도소 내 직업기술교육을 받고 출소 후 일자리를 갖게 되면 재복역률이 낮아지는 효과를 보여준다. 주목할 것은 기사장 혹은 기능장 같은 고급기술자격 취득자의 재복역 사례는 없다는 분석이다. 낮은 수준의 직업훈련보다는 높은 수준의 직업훈련이 사회에서 일자리를 구하는 데 더 효과적이고, 좋은 일자리를 구하면 다시는 범죄를 저지르지 않는다는 것이다. 이러한 연구 결과는 일

자리가 인간안보의 첫걸음이고, 자아실현과 사회공헌이 가능한 진정한 복지라는 것을 다시 확인시켜준다.

백성이 부모를 섬기고 가족을 부양할 수 있는 최저생활을 할 수 있도록 일자리를 통해 사회복지를 구현하는 것은 맹자가 살았던 군주국가나 오늘날의 민주국가를 막론하고 국가 최고통치자의 공통적인 책무다. 현대 민주국가나 고대 군주국가의 국정 최고책임자가 갖는 사회복지 책무는 같으나 그 방식은 달라야 한다. 일자리 창출을 통한 사회복지도 마찬가지다. 만약 정부가 모든 일자리를 창출하려고 하면 실패한다. 정부가 일자리 배정을 했던 공산사회주의 국가는 거의 몰락했거나 빈사상태에 있다.

청년고용률이 40.4%에 불과한 현실에서는 정부가 직접 일자리를 만들려고 하지 말고, 기업인이 주연을 맡아 일자리를 창출하도록 지원해야 한다. 또 청년은 교육기관과 훈련기관에서 바른 직업관을 형성해 취업이나 창업을 통해 떳떳한 일자리를 찾을 수 있도록 책무성을 발휘해야 할 때다.

2013.09.02. 헤럴드경제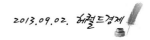

정치인이
보여야 할
7가지 덕德

겸손한 입은 복(福)을 부르고, 오만한 입은 화(禍)를 부른다. 술에 취해서 허튼 소리하다가 전 재산을 날릴 뻔 했던 사람이 있었다. 이솝우화로 유명한 이솝의 주인이 그 장본인이다. 이솝의 주인은 평상시에는 멀쩡했지만 술에 취하면 헛소리를 하였다. 어느 날 술에 잔뜩 취한 이솝의 주인은 친구들에게 자기가 바닷물을 모두 마시겠다고 큰소리를 쳤다. 만약 바닷물을 전부 마시지 못하면 모든 재산을 친구들에게 나눠주겠다고 서약했다. 술에서 깬 그는 후회를 했지만 이미 때는 늦었다. 안색이 노래진 주인이 이솝에게 고민을 털어 놓자, 이솝은 주인에게 자기의 지혜를 빌려주었다. 그는 약속한 날에 친구들과 함께 바닷가에 나갔다. 친구들이 바닷물을 마시라고 재촉하자, 그는 이솝이 일러준 대로 "나는 바닷물을 마신다고 약속했지 강물까지 마신다고 안했으니 자네들이 바다로 들어오는 강물을 막아주면, 내가 바닷물을 몽땅 마시겠네."라고 말하여 가까스로 궁지에서 벗어났다.

그 이후 그는 이솝을 노예에서 해방시켜주었고, 술 마시고 허튼 소리하는 버릇을 고쳤다고 한다. 아무튼 물 덕분에 이솝은 팔자를 고쳤다. 지금 한국에는 술에 취해 허튼 소리하는 정치인이 있지만, 술을 마시지 않고도 허튼 소리를 하는 정치인이 있다. 4·13 총선을 앞두고 바야흐로 말의 향연이 넘쳐나고 있고 정치인들은 선거에 이기기 위해 유권자들의 감성을 자극하여 표를 얻으려는 발언을 서슴없이 하다가 노인폄훼 논란을 일으켰다.

일부 정치인들이 국민을 졸로 보든가 물로 보는 것 같다. 물은 배를 띄우기도 하지만, 물은 배를 뒤집기도 한다는 사실을 간과하고 있다. 배가 권력이라면 물은 국민이다. 국민들은 선거를 통해 권력의 배를 띄울 수 도 있고, 권력의 배를 뒤집을 수 도 있다.

국민을 물로 보는 정치인들이 알아야 할 상선약수(上善若水)가 노자의 도덕경에 나와 있다. 정치인들이 보여야 할 수유칠덕(水有七德)도 인구에 회자되고 있다.

첫째, 물은 낮은 데로 임하는 겸손(謙遜)의 덕이 있다.

둘째, 물은 흘러가다가 막히면 돌아가는 지혜(智慧)의 덕이 있다.

셋째, 강물은 어느 골짜기 물인지 출신을 가리지 않고 받아들이는 포용(包容)의 덕이 있다.

넷째, 물은 어느 그릇에 담겨도 불평하지 않는 융통성(融通性)의 덕이 있다. 다섯째, 낙숫물은 끈기 있게 바위를 뚫는 인내(忍耐)의 덕이 있다.

여섯째, 기개 있게 장엄한 폭포를 만드는 물이 보여주는 용기(勇氣)의 덕이 있다. 일곱째, 강물이 모여 바다를 이루는 대의(大義)의 덕이 있다.

국민이 물의 위력을 제대로 보여주기 위해서는 4·13 총선에서 물이 가진 7가지 덕(德)을 온몸으로 실천할 수 있는 의원을 뽑아야 한다. 선거 때뿐만 아니라 당선되고 나서도 겸손할 의원을 뽑자. 정치가 경제를 발목 잡지 않고 정치가 경제를 살리는 지혜를 발휘할 의원을 뽑자. 정파가 달라도 국민의 입장에서 다른 의견을 경청하고 포용할 의원을 뽑자.

반대를 위한 반대가 아닌 대안을 내고 협상하는 융통성을 발휘할 의원을 뽑자. 쟁점법안을 포기하지 않고 합의점을 도출하는 인내를 보여줄 의원을 뽑자. 국민의 생명과 안전은 물론 대한민국 발전을 위해 온몸을 던지는 용기를 가진 의원을 뽑자. 그리고 국태민안(國泰民安)의 대의를 실천할 의원을 뽑자.

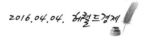

2016.04.04. 헤럴드경제

공무원
의식변화 교육
필요하다

대통령직 인수위원회에 파견된 문화관광부 국장 출신 전문위원이 언론사 간부의 성향조사를 자의적으로 실시했다가 물의를 일으킨 것은 국민을 섬기겠다는 대통령 당선인의 약속을 저버린 행위다. 공무원의 의식이 바뀌지 않는 한 앞으로 유사한 일이 발생하지 않는다고 장담할 수 없다.

새 정부가 제대로 일하려면 공무원 의식부터 바뀌어야 한다. 대통령 선거가 있었던 지난해, 필자는 중앙선거관리위원회가 주최하는 정당교육에 7차례 특강을 하러 갔다가 깜짝 놀란 적이 있다. 매번 특강을 시작하기 전 수강생으로 참여한 당원들에게 "정당의 고객은 누구입니까?"라고 질문하였더니, "당원"이라고 대답하는 사람들이 의외로 많았기 때문이다. 그래서 "기업의 고객은 종업원입니까?, 구매자입니까?"라고 물었더니, "구매자"라는 답변을 들었다. 그렇다면 "정당의 고객이 당원입니까?, 유권자인 국민입니까?" 하고 다시 물었더니,"아, 그러고 보니 당원이 아니라 국민인 것 같습니다."라는 대답이 돌아왔다. 교육을 통한 의식의 변화이다.

당원들이 정당의 고객은 국민이 아니라 당원이라고 인식하고 행동하는 한, 그 정당은 정권을 창출하기도 어렵고 유지하기도 어렵다. 국민의 선택을 통해 창출된 정권의 고객은 공무원도 당원도 아닌 바로 국민이다. 기업이 고객을 섬겨야 번창하듯이 정권 역시 국민을 잘 섬겨야 융성할 수 있다.

대통령 당선인은 당선소감에서 '국민을 섬기는 정부'를 만들겠다고 천명한 바 있다. 언어는 현실을 만들 수 있지만 세상에 공짜란 없다. 손뼉도 마주쳐야 소리가 나듯이 대통령의 언어가 현실화되려면 정부를 구성하는 공무원은 물론 국민도 함께 바뀌어야 한다. 새 정부가 국민을 제대로 섬기려면 관치행정의 패러다임을 민치행정의 패러다임으로 바꾸어야 한다. 패러다임이 전환되려면 관치에 익숙한 공무원은 말할 것도 없고 통제에 길들여진 기업과 학교 그리고 국민이 익숙해진 습관과 결별하지 않으면 불가능한 일이다.

좋은 습관이든 나쁜 습관이든 일정기간이 지나면 생물학적 관성이 자리잡기 때문에 좀처럼 바꾸기 어려운 것이 사실이다. 관치에 체화된 공무원이 국민 위에서 군림하던 자세에서, 새 대통령 취임과 더불어 하루아침에 섬기는 자세로 바꾸려면 심리적 혼란을 겪게 마련이다.

혼란을 극복하려면 변해야 한다. 공무원의 습관도 변해야 하지만 국민도 변하지 않으면 대통령의 언어는 현실화되기 어렵다. 국민 스스로 섬김을 받을 수 있는 자세를 갖추지 않는 한, 공무원의 섬김을 기대하기 어렵다. 대통령이라 할지라도 존중받는 국민이 되기를 포기한 국민까지 섬기라고 공무원에게 요구할 수 없는 일이다. 국민과 공무원이 서로 존중하고 섬기는 문화를 일궈내야 가능하다.

공무원이 낡은 습관을 버리고 싶어 해도 국민이 낡은 문화를 고수한 다면 공직사회의 조직문화는 바뀌기 어렵다. 개인에게 내재된 익숙해 진 습관을 바꾸는 것도 중요한 일이지만, 조직에 체화된 문화를 바꾸 지 않으면 습관을 바꾸려는 개인의 노력은 물거품이 된다. 새로운 것 을 배우기 위해서는 뇌리 속에 내재화된 시각과 행동을 털어버려야 한 다. 새 정부의 공무원은 국민을 섬기는 행동을 학습하는 일 뿐 아니라 공직사회와 국가 전체의 문화를 바꾸는 데 관심을 가져야 한다.

공무원이 대통령의 국정철학을 업무에 반영하고 싶어도 자기 위치 에서 구체적으로 어떻게 행동화해야 할지 막연하거나 모를 수 있다. 새 정부가 요구하는 실용주의적 시각과 행동방식을 배우고 익히는 교 육 기회를 공무원에게 제공해야 국민과 더불어 창조적 실용주의 문화 를 꽃피울 수 있을 것이다. 공무원 교육기관이 국정의 전략적 파트너 로 변신해야 하는 이유가 바로 여기에 있다.

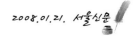

2008.01.21. 서울신문

청년에게 告함: 세상은 넓고 수명은 길다

2월은 졸업시즌이다. 교문을 나와 사회에 진출하면 본격적으로 자기 인생을 만들어야 한다. 졸업을 앞두고 일자리를 얻은 청년이 있는가 하면, 아직 그렇지 못한 청년이 있다. 또 학업을 중도에 포기하고 사회로 나간 '잊혀진 청년'도 있다. 원하는 일자리를 찾은 청년은 희망에 차있을 것이다. 그렇지만 아직 일자리가 없거나 졸업장이 없다고 해서 서둘러 절망할 필요는 없다. 자유무역협정(FTA) 확대로 일할 세상은 넓어졌고, 인생 100세 시대가 열려 수명도 길어졌으며, 평생직업교육으로 패자부활이 가능하기 때문이다. 내 인생은 내가 연다는 뜻을 세우고 실천한다면 원하는 일자리는 반드시 구할 수 있다. 구할 수 없다면 만들 수 있는 것이 일자리다.

자기의 인생은 자기가 만든다는 교훈은 조선왕조의 태조 이성계 대왕이 창업 전에 봤다는 파자점(破字占) 일화에도 담겨있다. 그가 파자점을 보러 가서 문(問)자를 골랐다. '오른쪽도 임금 군, 왼쪽도 임금 군이니

필시 군왕의 상(右君左君 必是 君王之相也)'이라는 해석을 들었다. 역성혁명을 암시하는 해석을 얻은지라 미심쩍기 그지없었다. 그는 걸인에게 좋은 옷을 입혀 보내 똑같이 문(問)자를 골라 해석을 듣고 오라고 했다. 걸인은 '문 앞에 입이 매달려 있으니 필시 걸인의 상(門前縣口 必是 乞人之相也)'이라는 해석을 갖고 왔다. 금곡(金谷) 선생은 이 일화를 들려주면서 "마음이 가는 바가 곧 의지(心之所之謂之志)"라고 했다. 자기의 의지가 얼굴에 나타나므로 사회생활을 할 때 마음을 어떻게 쓰느냐가 그 사람의 인생을 결정할 수 있다는 지적이다. 마음 씀씀이에 따라 뜻이 달라질 수 있고, 뜻을 펴기 위해 어떤 노력을 하느냐에 따라 얼굴빛이 달라지며, 얼굴빛에 따라 인생의 향방이 결정된다는 메시지는 매우 교훈적이다. 청년들이 강한 의지를 가져야 할 이유가 바로 여기에 있다.

아직도 작은 기업은 일할 사람을 구하지 못해 구인난에 허덕이고 있다. 작은 기업에 들어가 작은 기업을 큰 기업으로 만드는 일에 젊음을 걸어 보는 것도 큰 뜻을 세우는 일이다. 누구든지 뜻있는 일이라면 무엇이든 도전해봐야 한다. 설령 지금은 마음에 차지 않더라도 인생 만들기의 귀한 밑거름이 된다.

일할 세상이 넓어졌다. 국내에 원하는 일자리가 없다면 해외의 일자리로 눈길을 돌려야 한다. 세계 각국에서 활약하고 있는 교포를 보면 미래가 보인다. 필자도 한국뿐만 아니라 요르단, 홍콩, 미국 등에서 외국인과 더불어 수년간 일한 경험이 있다. 지금도 국제기구 컨설턴트로서 외국 공무원과 기업인을 두루 만난다.

그들이 "한국이 하면 우리도 할 수 있다. 한국이 발전한 원동력이 무엇이냐"고 묻는다. 20대 청년시절에 뜨거운 중동 건설현장에서 새벽부터 밤늦게까지 일한 경험을 이야기해주면 도저히 이해할 수 없다는 표정을 짓는다. 외국 근무는 힘들 수 있지만 국제적 역량을 함양할 수 있어서 좋다. 오늘날의 청년은 기성세대의 젊은 시절보다 훨씬 더 나은 해외 취업 여건을 갖고 있다. 세계적으로 한류 바람이 일고 있고, 해외 한상(韓商)의 네트워크도 그 어느 때보다도 탄탄하다. 해외 인턴이나 봉사 기회도 정부가 제공하고 있다. 문제는 청년이 어떤 마음으로 어떤 뜻을 세우느냐에 달렸다.

일할 수 명도 길어졌다. 인생 100세 시대를 맞아 모든 청년이 각자 뜻을 세워 사회인으로서 존재가치를 발휘할 수 있도록 시스템적으로 격려해줄 필요가 있다. 학업을 마친 청년뿐만 아니라, 학업을 중도에 포기하고 사회에 나간 '잊혀진 청년'도 함께 뜻있는 인생을 만들어 나갈 수 있도록 평생교육시스템과 안전사회시스템을 본격적으로 가동해야 할 때다. 또 '잊혀진 청년'의 숫자를 최소화하기 위해 학교교육에서 체계적으로 진로지도를 실시하고 과잉교육을 줄일 수 있는 '선취업·후진학' 정책을 지속적으로 실시해야 한다.

2014.02.17. 헤럴드경제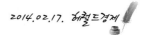

각득기분各得其分의 능력중심사회

한국대학교육협의회가 7월 31일부터 8월 3일까지 서울 삼성동 코엑스에서 2015학년도 수시 대학입학정보박람회를 개최했다. 한국의 경우 25~34세의 청년층 대학교육 이수률이 64%에 달해 OECD국가들 가운데 가장 높지만, 취업률은 꼴찌에 그치고 있어 학력 인플레가 심각한 사회문제가 됐다. 그럼에도 불구하고 대학입학정보박람회에 참가한 전국 130개 4년제 대학들이 신입생 유치전을 벌였지만, 대학 졸업 후 취업의 어려움에 대해서는 침묵을 지켰다.

한국을 제외한 대부분의 OECD 국가들은 중·고등학교 졸업자격시험이나 대학입학자격시험을 통해 학생과 학부모에게 진로신호 기제를 전달하므로, 학생들은 각기 능력에 따라 각득기분(各得其分)의 진로를 선택할 수 있다. 각득기분(各得其分)이란 인간과 만물이 각기 그 분수를 얻는 것을 말한다. 유학자인 금곡 하연순 선생은 "각기 분수를 얻는 균등이 진정한 평등"이고, "백두산을 넘어뜨려 남산을 만드는 것이 평등이 아니며, 백두산

은 백두산만하고 남산은 남산만한 것이 평등"이라고 일렀다. 각기 능력에 맞는 교육을 받고 능력껏 일해 학력이 아니라 능력을 발휘한 만큼 대우를 받고 살 수 있는 사회가 각득기분(各得其分)의 능력중심 사회이다. 각득기분(各得其分)의 정치철학은 헌법에도 담겨있다. 헌법 전문에는 "――능력을 최고도로 발휘하게 하며, 자유와 권리에 따르는 책임과 의무를 완수해 안으로는 국민생활의 균등한 향상을 기하고――"가 포함되어 있고, 헌법 제31조 ①항은 "모든 국민은 능력에 따라 균등하게 교육을 받을 권리를 가진다."여서 한국이 균등한 능력중심사회를 지향하고 있음을 밝히고 있다.

그렇지만 한국은 아직 능력중심사회가 아닌 학력중심사회에 머물고 있다. OECD 각국이 중·고등학교 졸업자격시험과 대학교육의 질(質)관리를 통해 학교교육과 노동시장의 시스템 적합화를 도모해 능력중심사회를 작동시키고 있지만, 한국은 교육의 질(質)관리를 소홀해 대졸청년실업자를 양산하고 있는 학력중심사회에서 탈피하지 못하고 있다.

학력중심 사회에서 능력중심 사회로 전환하기 위한 정책의 일환으로 올해부터 '일·학습 병행제'를 도입했다. '일·학습 병행제'는 산업현장에서 요구하는 실무 인재를 기르기 위해 기업이 고졸자를 채용해 학교와 함께 일터에서 체계적인 교육훈련을 실시하고, 수료자의 역량을 국가 또는 산업계가 평가해 자격으로 인정하는 제도다. 이 제도가 성공한다면 "일단 대학은 가고 보자"는 문화가 바뀔 것이다. 정부가 2017년까지 1만개 기업의 참여를 목표로 추진하고 있는데, 성공의 관건은 정부와 기업과 학교의 협업이며 다음 정부의 정책 연속성도 큰 변수 가운데 하나다.

한국이 각득기분(各得其分)의 능력중심 사회로 거듭나기 위해서 적어도 추진해야 할 세 가지 정책과제가 있다.

첫째, 사회정책차원에서 학력간 임금격차를 합리적으로 조정하고, 입직시 학력기준 호봉급이 아닌 직무급을 도입하여 능력급으로 발전할 수 있도록 임금체계를 개편할 필요가 있다. 학력이 아닌 능력에 따라 행복한 삶을 살 수 있는 사회체제구축이 선결과제이다.

둘째, 교육정책차원에서 모든 학생을 대학을 향해 한 줄로 세우는 단선형 학제를 다선형 학제로 바꾸어 꿈과 끼에 따라 여러 줄을 밟을 수 있도록 바꾸어야 한다. 대학단계의 '일·학습 병행제'뿐 아니라, 고등학교 단계에서도 독일과 스위스처럼 '일·학습 병행제'를 도입해 한 사람도 놓치지 않는 교육을 실시해야 한다.

셋째, 문화정책차원에서 대학은 물론 초·중·고 교육의 질 관리에 대한 사회적 합의를 이끌어 내야한다. 한국의 온정주의문화로 인해 대학졸업정원제가 실패한 경험이 있다. 학교 교육현장에 합리주의 문화를 정착시켜 학생과 학부모에게 올바른 진로신호 기제를 제공할 수 있는 사회문화를 만들어야 한다.

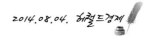

2014.08.04. 헤럴드경제

학교교육은 개인이 장차 사회에서 시민으로서 의미 있고 가치 있는 일을 할 수 있도록 준비하는 과정이다. 학교교육을 마쳤지만 실업상태가 되면 개인은 물론 가족도 고통을 겪는다. 일자리 없는 젊은이들의 숫자가 매년 누적될수록 사회적 건강도는 떨어지고 국가경쟁력에도 치명적인 영향을 준다.

일자리는 인간의 생존조건이 되었다. 일자리 없이 인간으로서 존엄성을 지키고 살기 어렵기 때문이다. 국제적인 역량을 갖추고 다국적 기업이나 국제기구에서 일하기 위해 해외취업을 하는 경우도 있지만, 국내에 일자리가 없기 때문에 해외로 일자리를 찾아가는 이주노동자도 늘고 있다.

일자리 창출은 인간안보의 첫걸음이다. 동남아국가연합(ASEAN)의 사무총장은 2004년 제2차 아시아태평양 국토안보 정상회의에서 "일자리 창출과 고용을 통해 시민의 생계를 보장하고, 평화롭고 안전한 아세안을 만드는 것이 사회에 대한 위협을 차

일자리 창출은 '인간안보'의 첫걸음

단할 수 있는 길이다. 그래야 인간안보가 가능하다."며 일자리 창출을 인간안보의 기본과제와 연결했다.

일자리 창출은 노동정책의 핵심이다. 필리핀 정부는 2004~2010년 발전 계획에서 "노동정책의 기본원칙은 양질의 생산적인 일자리 창출이다. 양질의 생산적인 일자리란 적절한 소득, 근로기본권, 사회보호 그리고 노·사·정과 사회 대화를 통한 민주적 과정의 참여가 보장되는 것이다."라며 국가발전을 위한 노동정책은 일자리 창출이 최우선이라고 기술했다.

일자리 창출은 개발도상국가의 선진국 진입 요건이다. 인도 대통령은 2005년 건국기념 축하 전야제 행사에서 "인도가 2020년까지 선진국 대열에 진입하기 위해 760만개의 일자리를 창출해야 한다."고 목표를 제시했다.

한국의 경우도 일자리 창출이 주요 사회문제이다. 학교가 배출하는 인재 공급구조와 노동시장이 필요로 하는 인재 수요구조의 괴리가 심각하기 때문에 기업은 구인난이지만 청년들은 구직난에 봉착해 있다. 모든 학생들을 대학을 향해 한 줄로 세우는 모노레일 사회 시스템과 교육정책 때문에 대졸 실업자는 넘쳐 난다. 초등학교에서부터 고등학교까지 국가가 통제하는 획일적인 교육 탓에 창의력을 갖춘 탤런트급 인재는 공급이 부족하다. 게다가 교육의 질 관리 시스템이 부실해 어떤 단계의 학교든 일단 입학하면 거의 모두 졸업하기 때문에 기반 인력 공급 또한 부족해 외국인 노동자들이 그 자리를 차지하고 있다.

일자리 창출을 위해 한국의 노·사·정이 먼저 해야 할 일은 한 줄 세우기식 모노레일 단선형 교육 시스템을 여러 줄 밟기 멀티트랙 다선형 체제로 바꾸어 인재 배출구조와 인재 고용구조의 괴리를 좁히는 일이다. 동시에 사회구조도 여러 줄을 밟아서 일자리를 구해도 인간의 존엄성을 지키고 행복하게 살 수 있도록 멀티트랙 시스템으로 재편하는 것이다. 노동부의 능력개발카드제와 교육과학기술부의 평생학습계좌제도를 교육구조와 고용구조 그리고 사회구조를 재편하는 기제로 활용할 수 있다.

일자리 창출의 인프라는 노·사·정뿐만 아니라 국회가 함께 파트너십을 구축해야 가능하다. 캐나다는 일자리 창출 파트너십(Job Creation Partnerships)이라는 고용 프로그램을 운영해 노동시장을 개발하고 있다. 미국 국회는 일자리 창출을 위한 법(Job Creation Act of 2004)을 만들어 정부가 기업의 일자리 창출을 돕도록 했다.

일자리 창출의 주역은 정부가 아니라 기업이다. 정부가 직접 일자리를 창출하려고 하면 공공부문이 비대화되어 민간부문을 위축시키는 부작용이 발생하기 때문에 정부는 민간부문의 일자리 창출을 유도하는 지렛대 전략을 구사해야 한다. 기업이 일자리 창출의 주역이 될 수 있도록 정부와 노동계는 물론 법을 만드는 국회와 인재를 공급하는 교육계가 공동으로 리더십을 발휘해야 할 때다.

2008.05.02. 서울신문

137

생태관광 활성화로 녹색 일자리 창출하자

녹색소비는 녹색성장, 나아가 녹색 일자리 창출과 불가분의 관계에 있다. 정부가 아무리 환경과 경제가 통합된 새로운 녹색산업 육성을 선도해도 기업과 소비자의 동참을 이끌어내지 않으면 녹색성장을 통한 일자리 창출은 어렵다. 대통령은 2008년 8월 15일 광복절 경축사에서 국가발전 패러다임으로 '저탄소 녹색성장'의 국가 비전을 선포한 이후 2년이 지났지만 공직사회는 물론 일반 소비자들의 녹색소비 행태에 괄목할 만한 변화를 느낄 수 없다.

녹색소비가 진작되려면 우선 소비자들이 친환경적인 생활양식으로 스스로를 바꾸어야 한다. 개인의 녹색소비 의식화도 중요하지만 일터와 지역사회 공동체에서 녹색소비가 갖는 가치가 확산돼야 한다. 녹색소비의 과실은 소비자 개인에게만 귀속되는 것이 아니라 개인이 속한 지역사회, 국가, 나아가 지구촌 전체의 자연과 사람 모두에게 영향을 미친다.

녹색공동체 의식의 함양을 위해

녹색생태관광산업의 육성을 적극적으로 고려해 볼 만하다. 지역별 토속문화와 결합된 생태관광은 관광지 주민의 지역공동체 의식을 키운다. 그뿐 아니라 국민들에게는 살아있는 녹색교육장으로 활용되며, 궁극적으로 녹색관광산업으로 발전해 일자리 창출로 연결될 수 있다. 산과 강이 많은 한국의 지형을 이용한 이야기(story)가 있는 생태관광명소의 탄생은 공동체 의식의 함양은 물론 지역 일자리 창출에도 기여할 것이다.

녹색생태관광산업의 육성을 통한 일자리는 다양하다. 우선 생태 복원과 유지 사업을 위해 생태복원 토목과 엔지니어링, 자연 환경 기술 분야의 일자리가 생길 수 있다. 생태 녹색마을을 만들기 위해 친환경 소비자와 생산자의 생활협동 공동체, 슬로 푸드와 유기농 레스토랑 분야의 일자리도 있다.

녹색 생태관광 도입기에는 녹색 생태마을 조성을 위한 친환경 거주지, 친환경적 건물과 조경, 친환경 지붕을 만드는 디자인·설치·수리기술 분야에서 일자리가 만들어질 수 있다. 생태관광상품 개발과 관련한 생태관광 전문 여행업·숙박업·특산품점 분야, 녹색관광상품과 관련한 자연환경 해설, 갯벌과 철새 등의 생태관광 가이드, 생태해설·생태관광상품 기획 분야에서 새로운 일거리가 필요할 것이다. 녹색 생태관광 확대기에는 수익모델 구축과 융·복합화를 위해 유기농 농·수·축산 가공품, 자연염색 의류, 친환경 비누·화장품 등 생활용품과 건강식품 분야의 일자리 창출이 가능하다

녹색 일자리를 위해서는 정부의 녹색상품 구매 확대와 더불어 비정부 분야의 녹색상품 구매에 대한 유인(incentive)을 제공해야 한다. 정부부처와 공공기관으로 녹색구매를 확대하는 한편, 일반 소비자들의 녹색구매를 유인할 수 있는 제도적 장치가 마련돼야 한다. 이렇게 되면

녹색상품에 대한 소비가 진작되고, 이것이 기업의 녹색투자 유발과 생산 확대의 선순환 구조로 이어져 녹색 일자리 창출을 기대할 수 있다.

2010.08.28. 중앙일보

네 잎 클로버는 행운의 상징이지만, 세 잎 클로버는 행복의 상징이다. 사람들은 지천으로 널려 있는 세 잎 클로버는 외면하고, 돌연변이로 생기는 네 잎 클로버만 찾으려고 한다. 오는 25일이면 세 잎 클로버의 상징인 행복을 국민에게 찾아주겠다고 약속한 정부가 출범한다. 행복이라는 지극히 개인적인 차원의 단어가 지난 대통령선거를 계기로 국민 차원의 담론으로 진화했다. 하지만 개인과 가족이 노력하지 않으면 얻을 수 없는 것이 행복이다. 영국 BBC방송이 2011년에 행복 다큐멘터리를 제작하기 위해 행복위원회를 구성했다. 여기서 발표한 행복헌장에 따르면 사람이 행복하기 위해 갖춰야 할 요소가 무려 17가지이다. 구체적으로 친구, 돈, 일, 사랑, 성, 가정, 아이, 식품, 건강, 운동, 반려 동식물, 휴가, 공동체, 미소, 웃음, 정신, 그리고 행복하게 나이 들기다.

친구가 있어야 행복하지만 정부가 나설 일은 아니다. 돈이 행복의 충분조건은 아니지만 필요조건이다. 최소

일자리 없이 '세 잎 클로버'는 없다

141

한 인간답게 살 수 있도록 정부가 복지라는 이름으로 지원을 하고 있다. 필요하지 않은 사람에게 까지 평등이라는 미명으로 복지를 강행한다면 나라 곳간이 거덜 날 것이다. 일할 능력과 의욕은 있는데 일이 없는 건 불행이다. 일자리 창출의 주역은 기업이다. 기업이 일자리를 창출할 수 있도록 경영환경을 만들어 주는 것이 정부의 몫이다.

사랑은 사람뿐만 아니라 세상을 움직이는 놀라운 힘의 원천이지만 정부가 개입할 문제는 아니다. 성은 지극히 개인적인 일이지만, 성교육과 성폭력 근절 등은 정부가 책무성을 발휘해야 할 부분이다. 아이들은 가정의 미래이자 국가의 미래다. 아이들의 행복을 먼저 생각하는 정책이 필요하다. 특히 교육부문이 그렇다.

4대 사회악의 하나로 지목한 불량식품도 행복의 적이다. 불량식품을 생산하고 유통하는 기업을 정부가 엄벌하는 것도 필요하지만, 근본적으로 '기업의 목적은 이윤창출'이라고 단순하게 가르치는 학교가 바뀌어야 한다. 기업은 소비자가 원하는 상품과 서비스를 제공하고 그 결과로 이윤을 창출하는 곳이라고 가르쳐야 맞다. 건강해야 행복하다. 발병 후 치료보다는 예방이 개인의 행복을 위해서나 정부의 살림을 위해서나 바람직하다. 질병 예방을 위해서는 운동이 으뜸이다. 체육과 보건교육이 절실한 이유가 여기에 있다.

반려 동식물은 개인의 기호 문제다. 휴가는 여가와 취미활동을 할 수 있는 기회이자 충전 기회다. 법정휴가를 확보해주는 것은 정부의 몫이지만, 휴가를 알차게 보내는 것은 개인의 몫이다. 개인이 제 몫의 휴가를 잘 보내기 위해서는 정서교육과 여가교육을 제대로 받는 것이 필수적이다. 공동체는 개인을 사회로 이어주어 행복을 만드는 곳이며, 사회적 자본이 형성되는 곳이다. 여러 형태의 공동체는 신뢰와 규범을 바탕으로 발전하기 때문에 공직자의 처신은 막대한 영향력을 미칠 것이다. 미소, 웃음, 정신, 행복하게 나이 들기는 인간의 덕성과 무관하지 않다. 지육 우선의 교육정책을 덕육 우선으로 패러다임을 바꿔야 국민이 행복해질 수 있다.

행복하기 위해서는 개인과 가족의 노력이 우선돼야 한다. 개인이 노력해도 정부가 나서지 않으면 충족되기 어려운 행복의 조건은 일자리 해결과 교육 패러다임 전환이다. 일하고 싶은데 일터가 없는 사람이 행복하다고 느낄 리 만무하다. 교육과 일자리의 구조적 미스매칭 문제를 해결하기 위해 지난 정부는 마이스터고와 특성화고의 '신고졸 취업문화'를 정착시켜 교육의 패러다임 전환을 시도했다. 새 정부도 이 정책의 연속성을 견지함은 물론 국가 뿌리 산업 발전을 위한 교육발전을 선도해야 일자리를 해결할 수 있다.

보다 근원적으로 일자리를 해결하기 위해서는 기업이 일자리 창출의 주연으로 빛날 수 있도록 정부가 연출해야 한다. 기업을 때려서 될 일이 아니다. 기업을 빛나게 해줘야 일자리가 해결되고, 일자리가 있어야 행복의 상징인 세 잎 클로버를 딸 수 있다. 그래야 새 정부가 빛날 수 있다.

2013.02.21. 한국경제신문

고용노동부 뿐 아니라 모두 고용 지향으로

전 세계가 '고용 없는 성장'과 청년 실업으로 어려움을 겪고 있는 가운데, 우리 노동부가 고용노동부로 이름을 바꾸었다. '고용 없는 성장'에서 '고용 있는 성장'으로 패러다임을 바꾸겠다는 의지의 표현이지만, 이 과제는 이름을 바꾸는 것처럼 간단하지 않다.

고용노동부가 존재 가치를 인정받기 위해서는 우선 시장(市場)을 지렛대로 활용한다는 확고한 인식을 가져야 한다. 자유 시장경제 체제하에서 생산적 일자리 창출이 일어나는 곳은 시장이기 때문이다. 기본적으로 일자리 창출은 기업이 하는 것이다. 기업이 고용을 하도록 만드는 것이 관건이다.

현재 전체 기업의 99%가 중소기업이고 근로자의 88%가 중소기업에서 일하는 상황이다. 중소기업이 일자리 창출을 스스로 할 수 있도록 하려면 대기업이 중(中)기업을 도와주고, 중기업이 소(小)기업을 도와주는 시장 생태계(生態系)가 살아 움직이도록 해야 한다. 정부가 소기업의 일자리 창출을 도와주는 중기업에 인센티브를 제공한다면 소기업은 성장하고, 중기업의 일자리 창출을 도와주는 대기업에 인센티브를 제공한다면 중기업은 성장할 것이다. 기업의 99%를 차지하는 중기업과 소기업의 성장은 고용창출로 연결될 수밖에 없다. 시장 생태계가 살아날 수 있는 범(汎)정부 차원의 인센티브 정책 구현에는 고용노동부만이 아니라 지식경제부를 비롯한 관련 부처와 지방자치단체의 참여가 절대 필요하다.

노동시장에서의 고용 형태를 다양화하고 유연화 하는 것도 중요한 문제다. 정규직과 비정규직으로 경직화된 고용 형태의 틀부터 깨야 한다. 다양한 형태의 정규직이 생겨야 일자리가 늘어날 수 있다. 지금은 경기가 나빠져도 해고가 쉽지 않고, 경기가 좋아져도 새로운 인력을 채용하지 않고 기존 인력들이 연장 근로를 하고 있다. 더 이상의 새로운 고용이 창출될 수 없다. 이런 노동시장 구조를 타파하지 않는 한 새로운 일자리 창출이 쉽지 않다. 표준 근로 시간인 주당 40시간을 일하는 사람들이 연장 근로하는 대신에 기업의 사정에 따라 선택적으로 일할 수 있는 고용 형태의 다양화가 이루어진다면 일자리는 늘어날 것이다. 일자리만 늘어나는 것이 아니라 근로 형태의 다양화에 따른 직업 능력개발의 활성화가 가능해진다. 산업계도 같이 협력해야 한다.

고용 형태의 다양화와 함께 학교 형태의 다양화가 필요하다. 독일과 영국의 직업 전문대학생들은 일주일에 이틀 학교에 다니고, 사흘은 기업에 취업해서 일한다. 독일의 전문계 고등학생들은 일주일에 하루를 학교에 다니고, 나흘은 기업에 취업해서 일하며 도제훈련을 받는다. 캐나다의 대학생들은 1년에 4개월은 단기취업을 하고 8개월은 학교에 다닌다. 한국에서도 이와 같이 다양한 학교가 있어야 고용 형태의 다양화와 맞물려 평생교육체제가 확립되고 일자리 창출 상승효과를 얻

을 수 있다. 다양한 형태의 학교는 교육과학기술부와 교육청, 그리고 일선 학교의 협력이 필수적이다.

고용노동부는 각종 정책의 고용영향평가를 통해 정부의 고용정책을 총괄 조정하는 권한과 아울러 고용상황을 개선할 책무를 함께 맡았다. 그러나 시장을 변화시켜 고용을 증대시키기 위해서는 고용노동부 자체의 변화뿐만 아니라 타 부처와 지방자치단체는 물론 교육기관의 변화를 이끌어 내야 한다. 지금 시대는 모두가 고용 지향(指向)으로 바뀌어야 한다. 쉬운 일은 아니지만 불가능한 일도 아니다.

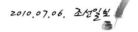

2010.07.06. 조선일보

독일의 상업은행인 도이체방크 연구소가 최근(8월 1일) 발행한 '글로벌 성장의 중심들(Global growth centres)'이라는 이슈 보고서는 한국의 인적자원이 경제협력개발기구(OECD) 회원국을 포함한 세계 34개국 가운데 6위라는 평가 결과를 실었다

보고서는 2020년까지 인적자본의 증가가 고도 경제성장을 뒷받침할 국가로 인도중국 남아프리카 태국 스페인을 예측했고, 한국과 스페인은 교육 투자 성공 국가로 평가되었다. 이런 추세가 15년 지속돼 2020년이 되면 한국이 독일이나 일본을 따라 잡을 것이라는 예측은 한국인들에게는 매우 고무적이다.

국내에서 교육 문제 때문에 정부 학교 시민단체가 치열한 논쟁을 벌이고 있는 때에, 한국이 교육 투자 성공 국가의 모범사례로 보고된 것은 주목할 만하다. 이 보고서를 읽으면서 느낀 점 몇 가지를 나누고자 한다.

먼저 국가의 미래를 만드는 작업과 관련된 것이다. 한국은 지금 과거

인적 자본
세계 6위의 함정

문제에 매달려 옴짝달싹하지 못하고 현재 문제도 해결하지 못하고 있는데, 독일 사람들은 2020년의 미래 만들기를 위해 오늘 무엇을 해야 하느냐는 것을 제시하고 있다는 점이 너무 다르다. 세계 경제에 막강한 영향력을 미치는 미국과 중국을 포함하여 34개국의 경제성장과 인적자본의 관계를 비교 평가하면서 글로벌 시각에서 독일이 가야 할 길을 제시하고 있다. 현재 독일이 1위를 했고 2020년에 2위를 할 것으로 예측했지만, 현재 독일의 교육제도가 변하지 않으면 수년 내에 한국에 추월당할 수 있다고 정부에 경고하고 있다.

다음으로 이 보고서엔 한국인이 마냥 좋아해서는 안 될 함정이 있다. 과거 산업사회와 달리 오늘날 지식기반사회에서는 평생학습 계속교육이 인적자본의 주요한 구성 요소이다. 그러므로 인적자본의 양적 척도에는 정규교육뿐만 아니라 평생학습계속교육도 포함되어야 하는데, OECD 국가 중 성인들의 평생학습량이 최하위인 한국의 수준이 이 연구에 반영되지 않았다. 독일의 고교 졸업률은 OECD 평균인 60%에 크게 미달하지만 한국의 고교 졸업률은 95%를 넘는다고 칭찬하였다. 유럽 선진국들은 중학교나 고교를 졸업할 때 졸업자격시험을 치르며 합격하지 못하면 전 과정을 다 마쳐도 졸업장을 받지 못하며 졸업률에도 포함되지 않는다는 점이 한국과 다르다. 달리 말하면 한국은 고교 질 관리를 제대로 하지 않는다는 뜻이다.

개인 차원에서 교육기간이 1년 늘어나면 개인 소득 증가는 최저 5%에서 최대 10% 증가하고, 국가 차원에서 인적자본이 10% 증가하면 1인당 국내총생산이 약 9% 증가한다고 연구보고서가 추산하고 있는 것은 고등교육 공급이 과잉 상태가 아니라는 점을 전제해야 한다. 한국의 경우 인재 양성 구조는 고교 졸업생 수가 대학 입학정원을 밑돌아서 졸업생이 원하면 모두 고등교육기관에 진학이 가능한 원통형이다.

그러나 기업은 핵심인력과 기능인력 부족에 허덕이고 대학 졸업생은 취업난에 허덕이고 있는 이유는 취업 구조가 피라미드형이기 때문이다.

한국의 고등교육 구조를 분석함에 있어 원통형 인재양성 구조와 피라미드형 취업 구조의 불일치로 인한 구조적 청년실업 문제를 야기하는 고등교육 공급 과잉 현상에 대해서는 일체의 언급이 없이 한국 교육이 매우 모범적이라는 칭찬 일변도다. 한국의 고등교육기관이 1975년에 290교에서 2003년에 1400교로 증가하였고, 학생 수도 24만명에서 360만명으로 증가한 것을 성공 요인으로 꼽았다. 그렇지만 고등교육 과잉 현상으로 정부가 대학 구조조정을 할 수밖에 없는 사정은 연구보고서에서 찾아볼 수 없다. 그러므로 이 연구 결과를 행여 한국 정부가 추진하고 있는 대학 구조개혁의 뒷다리를 잡는 데 이용하려고 해서는 안 될 것이다.

2005.08.16. 중앙일보

기업에 통한
산학협력

기업의 사회적 책임 중 가장 중요한 것은 일자리 창출이다. 일자리는 인간의 생존조건이자 생활기반이기 때문이다. 나는 지난 11월 2일 삼성전자가 마이스터고등학교를 졸업할 젊은 기능명장들의 채용을 약속한 자리에 함께 있었다. 삼성전자는 채용을 약속했을 뿐 아니라 졸업까지 장학금을 지급하고 방과 후와 방학 중 맞춤 실습교육훈련을 제공하기로 했다. 산학협력의 새로운 모델이다.

마이스터고등학생들은 재학 중 정부로부터 전액장학금을 받기 때문에 삼성전자로부터 받는 장학금은 자기계발에 활용할 수 있다. "교육으로 가난의 대물림을 끊겠다"는 대통령의 교육철학이 기업에 통(通)했다. 기업의 상생노력은 학교와 지역사회, 나아가 전체 국민에게 통할 것이다.

삼성전자의 마이스터고등학교 졸업생 채용 약속은 학벌사회를 지양하고 능력사회를 지향하기 위해 시행 중인 '입직(入職)시 학력조건 철폐'의 부작용을 치유할 가능성을 보여주고 있다. 환경미화원 모집에 대졸 이상이 모여드는 이상 현상은 저학력자에게 기회를 주려고 도입한 '입직시 학력조건 철폐' 정책 때문이다. 과거에는 은행을 비롯한 금융기관에 상고를 졸업하고 입직해 지점장은 물론 은행장까지 오른 사례가 있다. 지금은 학력제한 철폐와 대졸자들의 하향취업으로 웬만한 일자리에는 고졸자들이 엄두를 내지 못할 정도로 부작용이 심각하다.

삼성전자와 같은 세계적인 대기업이 고졸자 채용 약속을 한 것은 학력제한 철폐로 취업의 길이 막혀있던 고졸자들에게는 희망의 문이 열린 셈이다. 고졸자에게 공평한 기회를 주려고 도입한 학력제한 철폐 정책의 의도는 선의였으나, 결과는 고졸자들의 사다리를 무참히 치워버린 부작용으로 나타났기 때문이다. 적어도 고졸자들이 능력껏 일할 공간은 남겨뒀어야 했다. 정책 당국자들이 흔히 저지르는 실수 중의 하나가 정책의 시행이 가져올 부작용에 미리 대비하지 않는 것이다. 더욱 심각한 것은 부작용이 나타나도 개선하지 않는 것이다.

삼성전자는 고졸자들이 입직해 4년을 근무하면 능력에 따라 대졸자와 동등하거나 그 이상의 대우를 해주겠다고 발표했다. 고졸자와 대졸자의 임금격차가 너무 커서 대학 진학을 부추긴다는 주장이 오랫동안 제기돼 온 점을 감안한 새로운 임금 정책이다. 이 정책이 현실화되면 고등학교를 졸업한 기능기술인이 대우받는 사회가 될 것이다. 기능기술인이 제대로 대우를 받아 중산층이 두터워져야 사회가 건강해질 수 있다. 고등학교를 졸업하고 일자리를 찾고, 거기에서 평생학습을 통해 자기계발을 할 때 그에 합당한 대우를 해주겠다는 삼성전자의 인력정책이 다른 기업으로 확산될 계기를 만들어 줘야 한다.

그러기 위해서는 젊은 기능명장들을 길러내는 특성화고와 마이스터고를 도와주는 기업들을 칭찬하고, 실질적으로 정부가 인센티브를 주어 격려할 필요가 있다. 교육과학기술부는 마땅한 정책 수단이 없다.

151

그러므로 지식경제부 등 중앙부처와 지방자치단체의 협력이 절실하다. 기업들이 나서서 특성화고와 마이스터고가 성공하도록 지원해야 대통령의 교육철학이 빛을 발할 수 있고 국민들도 행복하게 만들 수 있다.

2010.11.18. 중앙일보

고졸 취업 확대는 공생발전 차원에서 매우 바람직하다. 이를 위해서는 적어도 세 가지 인프라가 구축돼야 한다.

첫째 군 미필자 채용. 아직 일부 기업에서는 병역 미필자를 정규직원으로 선발하겠다고는 하지 않고 있다. 기업들이 군필자를 선호하다 보니 병역미필 상태인 남학생의 경우엔 안정된 또는 성장 가능성이 있는 일자리에서 제대로 된 일을 하지 못한다. 24세까지 입영 연기가 가능하나, 이 역시 근본적인 해결책이 아닐 수 있다. 실질적인 도움이 되려면 입대 후 본인의 직업과 이어지는 주특기 병과에서 근무하고, 그 경력을 인정받아 입대 전 직장에 복직할 수 있도록 해야 한다. 나아가 군 특기병과에서 근무한 경력을 학점으로 인정해주면 금상첨화다. 그래야 고졸자가 제대로 능력도 기르고, 병역의무도 해결하면서 20대 중반이 되더라도 사회적으로 유능한 기술자가 될 수 있는 기반을 닦을 수 있다. 고졸 군미필자의 채용에 대해 정부와 기업

고졸 취업 위한 인프라 구축하자

이 일정 부분 책임을 분담하는 인프라를 구축해야만 고졸 취업 확대의 실효성을 거둘 수 있다.

둘째 고졸자가 취업 후에도 각종 평생학습을 할 수 있는 시스템이 만들어져야 한다. 더욱 중요한 것은 고졸자가 취직 후 취득한 학력을 고용주가 인정해주는 것이다. 입사 이전 취득한 학력만 인정하고 있는 기업들의 인사 관행이 개선돼야 한다. 만약 입사 후 방송통신대, 사이버대학 등 고등평생교육기관에서 취득한 학위를 인정해준다면, 굳이 학비가 비싼 일반 대학 진학만을 고집할 필요가 없다.

한국방송통신대학의 1년 등록금은 70만원 정도로 매우 저렴하며 교육의 질 관리도 철저하게 한다. 한국에서 학사학위 없이 미국에 진출한 간호인력들이 한국방송통신대학교에 편입해 학사학위를 취득하면, 입사 후 학력을 인정받아 미국 직장에서 학사대우 임금을 받고 있는 사례를 참고할 필요가 있다. 그런 시스템을 정부가 만들어줘야 한다.

셋째 개인의 능력을 인증할 수 있는 사회적 시스템을 구축해야 한다. 정부는 고졸자가 공공기관에서 4년 근무하면 대졸자 대우를 해주겠다고 한다. 좋은 시스템이다. 더불어 군 경력과 군에서 취득한 자격인정, 국가 자격 정상화, 민간자격 시장 활성화, 각종 산업별 협의체의 활성화 등 다양한 능력 인증 제도를 통해 대학 진학만이 유일한 대안이 되는 문제점을 해결할 수 있을 것이다.

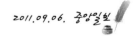

2011.09.06. 중앙일보

노사분규 뒤 사태를 수습하는 사후적 노력보다는, 분규가 나지 않도록 사전에 처방을 하는 것이 실용주의적 접근이다. 우리나라 경영자와 노조 지도자들은 우리보다 앞서 극심한 노사분규를 경험한 외국의 노사가 공동으로 교육비를 부담하여 교육프로그램을 운영하고 있는 것을 주목할 필요가 있다.

기업은 물론이고 정부기관의 교육도 학습자가 아닌 소속기관에서 비용을 부담하는 것이 일반적이다. 그렇지만 미국 포드자동차는 노사가 공동으로 교육비를 부담하고 교육기획서부터 교육과정 개발, 교육의 운영 및 평가에 이르기까지 노사공동 운영프로그램을 1982년에 설립, 현재까지 운영하고 있다. 근로자가 시간당 임금에서 5센트(니클)를 출연하면 회사가 10센트(다임)를 공동교육기금으로 출연, 노사 공동 교육 프로그램을 시작했다고 해서 '니클 앤드 다임'펀드라고 일컫기도 한다.

노사공동 교육프로그램의 목적은 시간급 근로자들에게 교육을 통한

노사 공동부담·공동운영 교육을

자기계발은 물론 상생적인 노사공동 리더십 역량을 함양할 수 있는 기회를 제공하는 데 있다. 노사가 동일한 지위를 가진 각 5명의 대표로 구성된 공동관리기구가 운영을 책임지고 있다. 구체적으로 운영목표를 보면 첫째, 현직 시간급 및 해고 근로자에게 교육·훈련·재훈련 및 개발 기회를 제공하고, 둘째, 전국단위 및 지역단위에서 교육이외의 기타 노사합동프로그램을 지원하며, 셋째, 근로자의 교육·개발·훈련 니즈에 대한 혁신적인 아이디어에 대한 검증과 연구를 지원한다.

개혁적인 아이디어를 적극적으로 검증하는 것은 조직에 적합한 교육프로그램을 창의적으로 개발하기 위해 필요하다. 공장별 노조지도자와 경영관리자를 각각 한 명씩, 두 명을 한조로 선발하여 3주간 실시한 노사합동리더십 교육은 매우 독창적이다. 미래 자동차 산업의 전망, 기술의 영향, 회사 조직과 노조 조직, 포드 노사협상의 역사, 인적자원의 변화와 개발동향, 정부의 정책과 공공정책의 이슈 등으로 맞춤식 교육프로그램을 개발하였다.

노사공동 교육프로그램 특징 중의 하나는 교육대상을 현직 근로자와 가족뿐만 아니라 해고 근로자 그리고 그 배우자와 가족까지 포함하고 있다는 사실이다. 경영이 어려워 해고했지만, 상태가 호전되면 재고용을 하기 때문에 해고 기간 중에도 교육을 제공한다. 근로자가 교육비를 회사와 공동부담하고 공동운영하기 때문에 가능하다. 근로자가 자신의 호주머니에서 돈을 내어 운영한다면 '내 것'이라는 '주인의식'을 갖게 된다는 점을 간과해서는 안 된다.'주인의식'을 갖자고 아무리 좋은 교육을 해봐야 실질적인 체감온도 없이는 '주인의식'을 갖게 하기는 어렵다. 실제로 종업원이 회사의 주식을 조금이라도 소유해야 '내 회사'라는 의식을 갖게 되는 이치와 마찬가지다.

수업시간에 이 프로그램을 소개할 때 학생들은 "기업이 이윤추구를 극대화하기 위해 근로자를 교육시키는데 왜 근로자가 교육비를 공동으로 부담해야 되느냐?"며 처음에는 무척 의아한 반응을 보였다. 이어 교실안의 토론은 '교육 수익자 부담의 원칙'으로 발전되어 '누가 기업 내 교육의 수익자인가?'하는 문제로 초점이 모아졌다. 기업 내 교육의 수익자는 노사 어느 일방일 수 없고, 노사 양측 모두라야 된다는 데까지 의견이 모아졌다. 토론을 통해 기업이 전적으로 교육비를 부담하고 운영할 때와 노사가 공동으로 교육비를 부담하고 공동으로 운영할 때의 교육과정과 교육방법은 당연히 달라져야 한다는 논리를 터득한 후에야 비로소 학생들은 이 공동프로그램에 대해 지대한 관심을 표명하기 시작했다.

우리나라 기업도 이처럼 노사가 이익을 도모할 수 있는 교육프로그램을 개발하여 운영한다면 상호성장은 물론 노사분규도 미연에 방지할 수 있다. 그러기 위해서는 노사 대립의 틀을 협력의 틀로 바꾸는 발상의 전환이 필요하다.

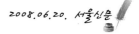

2008.06.20. 서울신문

100세 시대, 인생 3모작 준비

한국은 미국과 유럽연합에 이어 중국까지 세계 3대 경제권과 자유무역협정(FTA)을 맺어 경제영토가 국내총생산(GDP) 기준 세계의 73%까지 넓어졌다. 각국은 FTA로 인해 피해 보는 업종을 위한 프로그램을 운영하고 있는데, 한국의 고용노동부는 FTA가 원인이 돼 생산량과 매출액 등이 감소, 실직한 사람 등을 위한 취업 성공 패키지 프로그램을 운영하고 있다. '무역조정지원법'에 따른 폐업 사업주 및 실직 근로자와 '농업인 등의 지원에 관한 특별법'에 따라 폐업한 농어업인이 대상이다.

과학기술의 발전과 산업구조의 변화, 국가 간 FTA로 인한 시장구조의 변화로 직업 생태계가 변화하고 있다. 또한 의학기술의 발전으로 인간 수명은 계속 늘어 100세 시대를 맞이하게 됐다. 100세 시대에 인생 3모작을 준비해야 하는 상황에서 취업 성공 패키지 프로그램이 주목된다.

저소득층과 청년·장년층을 위한 유형이 있고, 참여자에게 직업훈련 기간 동안 훈련비와 참여수당이 지급

된다. 저소득층 대상 프로그램에는 FTA 피해 실직자뿐만 아니라 기초생활수급자, 차차상위 이하 저소득층, 노숙인 등 비주택거주자, 북한이탈주민, 출소(예정)자, 신용회복지원자, 결혼이민자, 위기 청소년, 여성가장, 영세 자영업자 및 특수형태 근로자, 건설일용직과 장애인이 포함된다.

청년·장년층 대상 프로그램에는 고졸 이하 비진학 청년과 전문대·일반대를 졸업하고 6개월 이상 경과한 미취업 청년도 포함된다. 최근 2년 동안 교육·훈련에 참여하지 않고 일도 하지 않은 니트족 청년들이 포함되며, 중장년층 중 일정 자격을 충족시키는 가구원과 영세 자영업자도 포함된다.

문제는 많은 구직자들이 참여 대상자인지 모르고 있다는 데 있다. 취업 성공 패키지가 성공하려면 참여 대상자를 기다리기보다 적극적으로 다가가 참여를 유도하는 방안을 강구해야 한다.

첫째, 취업 성공 패키지의 참여 대상자별로 특화해 구직 동기를 높이고 취업계획을 수립할 수 있도록 취업 상담을 해야 한다. 차명자들에게 적합한 직업능력 증진 프로그램을 제공하고, 고용으로 연결되는 원스톱 취업 지원 서비스임을 온라인과 오프라인을 통해 널리 알려야 한다.

둘째, 구직자에게는 새로운 직업을 감당할 수 있는 직업능력 개발과 직장 적응력 증진도 필수다. 인생 3모작을 하려는 중장년층에게 필요한 것은 평생직업교육을 통한 현장형 직업능력 개발이다. 취업 성공 패키지가 실질적인 고용이 되도록 취업 경쟁력을 높여 주는 직업능력 증진 프로그램을 제공하려면 프로그램 설계 단계에서부터 고용주들이 참여하도록 해야 한다.

셋째, 집중 취업 알선에 이르는 개인별 맞춤형 취업지원 서비스 단

계에서 기업의 채용 담당자들과의 협업이 필요하다. 취업 성공 패키지를 통해 취업 희망 풀에 등재된 구직자를 채용하는 기업에는 고용촉진 지원금을 지원해 주고 있다는 사실을 기업 인사 담당자들에게 널리 알려 참여를 확대할 필요가 있다.

한 번의 학교교육으로 평생직장에서 일하던 인생 1모작 시대는 끝났다. 평생직업 교육을 통해 패자 부활은 물론 재취업과 창업을 확대하는 인생 3모작 시대에 대비해야 한다.

2014. 12. 03. 서울신문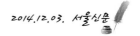

가르침으로 즐거움을 얻으려면

군사부일체(君師父一體)의 뜻을 왕과 스승과 부모의 은혜는 한가지라고 배웠지만, 뒤집어보면 책무의 무거움이 한가지라는 뜻이다. 그런데 맹자는 왕(王) 노릇하는 일에는 즐거움이 없지만, 가르치는 스승의 일에는 즐거움이 있다고 했다. 왕이 수행해야할 국가원수로서의 책무를 무겁게 본 맹자다운 발상이다.

맹자는 "군자에게 세 가지 즐거움이 있는 데, 천하에 왕 노릇하는 것은 여기에 들어있지 않고(君子有三樂 而王天下 不與存焉), 부모님이 계시고 형제가 무고한 것이 첫 번째 즐거움이요(父母俱存 兄弟無故 一樂也), 하늘을 우러러 부끄럼이 없고 인간을 굽어보아 부끄럽지 않는 것이 두 번째 즐거움이요(仰不愧於天 俯不於人 二樂也), 천하의 영재를 얻어 교육하는 것이 세 번째 즐거움이다(得天下英才 而教育之 三樂也)"고 진심장구(盡心章句) 상편에서 말했다.

첫 번째 즐거움의 조건인 부모구존(父母俱存)과 형제무고(兄弟無故)는 내가 마음대로 할 수 있는 것이 아니

다. 두 번째 즐거움에 대해 정자(程子)는 "사람이 능히 사리사욕(私利私慾)을 누르면 하늘을 우러러 부끄럽지 않고, 사람을 굽어보아 부끄럽지 않다"고 했지만, 쉬운 일이 아니다. 앙불괴어천(仰不愧於天)과 부불작어인(俯不怍於人)은 가히 현인의 경지에 도달해야 누릴 수 있는 즐거움이지만, 많은 사람들이 실천해 얻으려고 노력을 하는 즐거움임은 분명하다. 세 번째 즐거움은 교육자의 즐거움이다.

교육이 직업이 아닌 사람들도 가르침을 통해 즐거움을 얻으려는 현장을 목격했다. 한국장학재단이 지난 4일 경희대에서 개최한 '차세대 리더 육성멘토링' 발대식에서였다. 전직 및 현직의 학계, 재계, 관계, 문화예술계, 언론계 인사들로 이뤄진 280여명의 나눔지기(멘토)와 2400여명의 대학생 배움지기(멘티)들이 모였다. 나눔지기들은 1년 동안 8명 내외의 배움지기들과 온라인 커뮤니티와 오프라인 만남을 통해 멘토링을 한다.

남을 가르치는 일은 쉬운 일이 아니다. 배우는 자들의 속성이 모두 다르기 때문이다. 저마다 다른 재능을 스스로 찾아 발전하도록 가르치는 일은 정말 쉽지 않다. 가르치는 것이 세 가지 즐거움중의 하나라고 설파한 맹자의 교육방법을 찾아보니, '군자지소이교자 오(君子之所以教者 五)', 즉 군자가 가르치는 길이 다섯 가지라는 것이다.

첫째, 유여시우 화지자(有如時雨 化之者). 때에 알맞은 비처럼 변화시키도록 가르치는 경우가 있다. 산천초목이 제때에 자라기 위해서 단비가 필요하듯이, 필요한 것을 필요한 때에 교육하라는 것이다. 둘째, 유성덕자(有成德者). 덕(德)을 이루도록 가르치는 경우가 있다. "덕을 쌓는 가문에는 반드시 경사스런 일이 있다(積德之家 必有餘慶)"는 말에서 알 수 있듯이, 덕(德)이란 착한 일을 할 수 있는 인격적 능력이며 조화(調和)와 더불어 동양적인 교육이 추구하는 덕목중의 하나다. 셋째, 유달

재자(有達財者). 재능을 발휘시키도록 도와주어 널리 사물에 통달한 인재가 되도록 가르치는 경우가 있다. 저마다의 재능을 발휘해 세상의 이치를 깨닫고 세상의 만인만물(萬人萬物)과 조화롭게 지내며 세상에 공헌할 수 있도록 교육하는 일이다. 넷째, 유답문자(有答問者). 물음에 답하면서 가르치는 경우가 있다. 공자, 석가, 소크라테스, 예수와 같은 성인들이 활용했던 대화식 방법이다. 다섯째, 유사숙예자(有私淑艾者). 혼자서 착한 마음으로 자기를 잘 다스리도록 가르치는 경우가 있다. 즉 사사로이 덕을 잘 닦을 수 있는 학습능력을 키우도록 하는 방법이다.

가르침으로 즐거움을 얻으려면 맹자의 다섯 가지 가르치는 길을 되새길 필요가 있다. 서양교육이 중시하는 자유와 평등뿐만 아니라, 동양교육이 중시하는 덕과 조화도 함께 가르쳐야 함을 알 수 있다. 교육자의 책무가 왕의 책무보다 결코 가볍지 않음도 알 수 있다.

2015.04.13. 헤럴드경제

163

평생학습은 국가경쟁력의 바탕

현대는 개인 차원에서 일과 학습이 통합되고, 사회 차원에서 교육과 노동이 통합되는 시대다. 개인 삶의 질을 향상시키는 동시에 지식수준을 높이고, 조직의 생산성을 제고하고, 국가와 사회 발전에 이바지하기 위해서는 평생교육의 역할이 매우 중요하다.

평생교육은 연령에 관계없이 지식을 습득하고, 나아가 더 새로운 지식을 창출해 공유하는 과정이다. 한 개인이 창출한 지식은 교육을 통해 그가 속한 조직 내에 효과적으로 전파해 조직 전체가 그 지식을 공유할 수 있어야 한다. 나아가 국가 내의 다른 조직에까지 퍼져야 그 국가의 지식이 되고 비로소 국가경쟁력으로 자리잡게 된다. 국가경쟁력은 기업에 인재를 공급하는 학교의 경쟁력과 기업 활동을 지원하는 정부의 경쟁력을 의미한다. 동시에 정부와 기업, 그리고 학교 구성원들의 학습 결과라고도 할 수 있다.

오늘날은 과학기술의 발달과 지식의 폭발 현상으로 인해 사회는 정신

차릴 수 없을 정도로 급격하게 변화한다. 직장과 사회생활을 하는 데 학교에서 학습한 지식과 기술만으로는 부족하기 때문에 평생학습을 하는 것이 점차 보편화되고 있다. 또 산업구조가 산업사회에서 정보사회로 재편되고 산업 간 인력수급의 불균형 현상이 발생하면서 근로자들은 급격히 진행되는 정보통신 발달 속도에 대응하기 어렵게 된다. 근로자들은 자기 변화를 위한 부단한 평생학습과 직장 차원은 물론 중앙정부와 지방정부 차원의 직종전환이나 직업전환 교육을 통해 이러한 문제를 구조적으로 해결하기 위해 노력해야 한다. 또한 국민이 평생학습을 통해 새로운 산업 환경에 적응하고 지식을 생산할 수 있도록 도와주는 것이 교육기관과 단체, 기업, 기초자치단체의 책무다.

지식기반사회는 지식의 가치가 더욱 커지는 사회다. 지식기반사회의 평생학습자가 지식창조자로 성장하기 위해서는 개인 차원의 학습이 필수적이다. 나아가 그가 속한 지역사회와 직장 차원은 물론 지방자치단체 차원에서 평생학습이 활발하게 이뤄져야 한다. 지식기반사회에서는 숙련 근로자에 대한 수요가 점차 증대한다. 이는 급격하게 진보하는 지식 및 기술의 증대로 인해 이전에 활용했던 기술을 더 향상시켜야 하기 때문이다. 따라서 평생학습을 통해 근로자들의 지식 및 기술을 향상시켜야 한다는 것을 의미한다. 단지 학교에서 배운 한정된 지식과 기술만 가지고는 생존할 수 없으므로 평생 동안 교육 및 훈련은 물론 교육과 직업세계의 협력을 더욱 공고히 할 필요가 있다. 이 같은 교육 및 훈련은 사업주와 근로자 양쪽 모두에게 이익을 가져다 준다. 교육기관과 기업, 국가의 당면 과제는 근로자는 물론 모든 국민에게 효과적인 평생학습 환경을 제공해야 한다는 것임을 알 수 있다. 특히 사업주와 근로자, 교육기관, 그리고 중앙정부와 지방정부 간의 효율적인 파트너십은 기업과 근로자들이 그들의 훈련 투자를 저해하고 있는

문제점을 극복하도록 도울 수 있다.

과거에는 투입된 노동과 자본량에 의해 생산량이 결정됐으나 현재는 지식과 기술이 중요한 몫을 차지하고 있다. 미래는 더욱 더 지식의 투입요소가 산출의 중요한 요소로 작용하게 될 것이다. 동일한 노동이라도 지식이 포함된 노동은 생산성이 월등히 높고, 기계장비도 새로운 지식이나 기술이 추가되면 낡은 방식의 기계에 비해 산출량이 높아질 수밖에 없다. 이제 지식은 생산성과 경쟁력을 결정하는 중요한 요인이 되고 있다. 지식의 획득과 창출·확산·이용의 과정은 기본적으로 학습을 전제로 한다. 이러한 학습의 영역은 기존의 산업사회에서처럼 정규 교육과정을 학생들에게 가르치는 학교에만 국한되는 것이 아니라 지식을 생산하는 기업과 정부 등 모든 영역이 평생학습 마당이 될 수 있다.

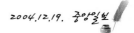

2004. 12. 19. 중앙일보

지난 2월 12일부터 닷새 동안 태국 방콕에서 열린 '지속 가능한 기업(Sustainable Enterprises)' 국제포럼에 참가했다. 아시아생산성기구와 태국생산성본부가 공동으로 개최한 이 포럼에는 동남아세안국가연합의 수린 사무총장, 아시아생산성기구의 다케나카 사무총장, 유럽정책연구원의 마틴 원장, 태국 씨암시멘트그룹의 롱그르테 부사장, 일본 도요타자동차의 미우라 상무를 비롯한 아시아 각국 정부와 주요 기업의 간부들이 대거 참석했다. 이들은 한결같이 정부와 기업의 평생학습을 통한 인적자원개발이 지속 가능한 기업을 만들기 위한 필수조건이라고 강조했다.

농경사회에서 학습은 인생의 즐거움 차원에서 논의되었지만, 산업사회에서 학습은 개인적인 즐거움의 차원을 넘어 기업의 생산성 향상과 국가의 경쟁력 제고 차원에서 논의된다. 정보사회에서 학습은 생존의 조건이 됐다. 지식의 폭발과 급격한 과학기술의 발전, 시장의 변화로 인해 평생 동안 학습하지 않으면 퇴보하

깨끗한 공기, 맑은 물, 평생학습

167

거나 도태되기 때문이다.

교육은 학습을 선도하는 활동이기 때문에 학습자의 학습뿐만 아니라 학습자가 필요로 하는 감성발달, 인성함양, 사회화, 네트워킹 등 인간의 존엄성을 지키기 위해 필요한 것들을 제공해야 한다. 학습자는 그를 둘러싼 환경과 능동적이고 주도적으로 상호작용함으로써 자신에게 필요한 지식을 생산해 나간다. 이러한 지식은 독창적이고 자신의 경험에 대한 비판적 반성을 통해 생산되고 적용된다. 학습은 정해진 과정 혹은 기간에만 일어나는 활동이 아니며 일하면서도 일어난다. 일과 학습의 통합시대가 열리는 것이다.

일과 학습을 수행하는 자는 개인이다. 개인이 일과 학습을 수행하도록 제공하는 사회적 차원은 노동기회의 제공과 교육기회의 제공이다. 과거에는 투입된 노동량과 자본량에 의해서 생산의 질과 양이 결정되었으나, 현재는 지식과 기술이 중요한 몫을 차지한다. 동일한 노동이라도 지식이 포함된 노동은 생산성이 월등히 높고, 기계장비도 새로운 지식이나 기술이 추가되면 낡은 방식의 기계에 비해 산출량이 높아질 수밖에 없다. 이제 지식은 생산성과 경쟁력을 결정하는 중요한 요인이 되었다.

지식을 성공적으로 창출하고 지속적으로 활용함으로써 유형 혹은 무형의 가치를 창조하는 것이 지식기반경제의 특색이다. 지식 자산의 가장 큰 특징은 다른 물적 자산과는 달리 함께 공유할수록 가치가 커진다는 점이다. 지식을 공유하는 사람의 수가 늘어나면 늘어날수록 개인이 활용할 수 있는 지식의 양은 급격하게 증가한다. 때문에 지식기반사회에서 국가경제를 발전시키려면 지식과 기술을 공유하고 확산시키는 문화가 정착되도록 관련 제도와 정책의 정비가 이루어져야 한다.

기업 내 지식활동의 주체들은 새로운 지식을 생산하고 그 지식을 적용하여 가치를 창출한다. 한 개인이 창출한 지식은 교육을 통해 그가 속한 정부조직과 기업조직 내에 효과적으로 확산되어 조직 전체가 그 지식을 공유할 수 있어야 하고, 나아가 국가 내의 다른 조직에까지 확산되어 그 국가의 지식이 되어야 국제경쟁력을 제고할 수 있게 된다.

　인간이 생존하기 위해서는 깨끗한 공기와 맑은 물이 필요하듯 평생학습이 필요하다. 평생 학습을 통한 인적자원개발의 가치는 학습 제공자와 학습자 양쪽 모두는 물론 국가에 이익을 가져다 준다는 점에 있다. 정부와 기업이 구성원에게 효과적인 평생학습 환경을 제공하는 문화를 만드는 것은 국부창출 차원에서 매우 중요한 일이다. 새 정부는 국가 전체적으로 지식의 획득, 창출, 확산, 이용에 있어서 효과적인 체제를 갖추기 위한 노력을 기울여야 할 것이다.

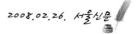

2008.02.26. 서울신문

학습인간의 진면목이 여기에

내 서재에는 기업인의 회고록이 중요한 자리를 차지하고 있다. 회고록을 읽으면 그분이 평생토록 추구하였던 꿈을 발견할 수 있고, 어떤 철학으로 어떤 인생을 살았으며, 어떻게 자기의 존재가치를 발휘하여 인류사회에 영향을 끼쳤는지 탐구할 수 있다.

대한민국 산업화를 이끈 현대그룹 창업자인 아산 정주영 선생의 회고록인 '시련은 있어도 실패는 없다'를 읽어보면, 평생학습자로서 선생의 면모가 더 돋보인다. 아산은 통천에 있는 초등학교인 송전소학교를 졸업한 것이 정규학력의 전부이지만 스스로 평생학습을 몸소 실천한 분이다.

박정희 대통령이 초등학교 출신인 아산이 대학출신 직원들을 어떻게 다루느냐고 물었을 때, '신문대학' 출신인 자기가 일반대학 출신보다 더 공부를 많이 했다고 응수한 적이 있다. 대학출신은 그 대학의 몇몇 교수들로부터 배웠지만, 아산은 무수한 교수들이 신문에 기고한 글은 물론 매일 신문의 머리기사부터 광고까지 읽으며 계속 공부를 하니 문제가 없다고 답하였다는 일화가 있다. 뿐만 아니라 아산은 미물의 행동으로도 배웠다고 당당히 밝히고 있다.

평생학습자로서 아산을 조명할 수 있는 것 중의 하나가 인구에 회자되는 '빈대 철학'이다. 아산 선생께서 인천부두에서 막노동할 때, 그곳의 근로자 합숙소는 그야말로 빈대 지옥이었다고 한다. 자는 사람을 떠메고 가도 모를 만큼 고단한 상태이지만 빈대가 하도 극성스러워서 잠을 못 잘 지경이었다. 아산 선생은 빈대를 피하기 위해 네 다리가 달린 밥상 위에 올라가 잠을 청했으나, 빈대들이 밥상 다리를 타고 기어 올라와 물어뜯었다. 그래서 아이디어를 내어 밥상 다리 네 개 밑에 각각 물을 부은 양재기를 받쳐 놓고 잠을 청하였다.

빈대가 밥상 다리를 타고 내려오다가 양재기 물에 빠지면 밥상 위로 올라오지 못할 것이라는 계산이었다. 이틀 정도는 편안하게 잤으나, 또 다시 빈대가 물기 시작하여 잠을 이루지 못하였다. 보통 사람은 거기서 포기를 하였겠지만, 사람을 물어 스스로의 양식을 구하는 일을 결코 포기하지 않는 빈대의 행동이 궁금하였던 아산 선생은 빈대의 행동을 관찰하기 시작하였다. 놀랍게도 빈대들이 방향을 바꾸어 네 벽을 타고 천장으로 기어 올라간 다음에 밥상 위에 누워 있는 자신을 향해 고공 낙하를 하는 것을 발견하였다. 그는 미물인 빈대도 장애가 있으면 이를 극복하려고 대안을 찾는 궁리를 하는데, 하물며 만물의 영장인 사람으로 태어나 장애가 있다고 쉽게 포기해서는 안되겠다는 마음을 먹게 되었다.

미물인 빈대의 행동 관찰을 통해 아산 선생은 스스로 학습을 한 것에 그치지 않고 이를 적극적으로 전파하고 기업경영에 활용하였다. 훗날 아산이 전국경제인연합회 회장으로서 남산 밑에 전경련 사옥을 지을 때 '빈대 철학'은 유감없이 발휘되었다. 서울시에 신축허가를 신청

했는데 고도제한에 걸려 허가가 나지 않았다. 남산 중턱에 군부대가 설치한 포대 때문에 신축허가를 받을 수 없다는 담당임원이 다른 곳에 부지를 물색해보자고 건의하였다.

아산은 그 임원에게 '빈대만도 못한 인간'이 될 수 없지 않느냐며, 포대를 높은 곳으로 이전하는 것을 군 당국에 건의하라고 지시하였다. 군 당국이 설치한 포대를 옮겨 지을 생각은 꿈에도 못한 임원이 아산 선생의 지시대로 군 당국에 건의하자, 군은 흔쾌히 이 제안을 받아드리는 것은 물론 감사의 뜻까지 표시하였다. 군은 더 좋은 위치에 새로운 포대를 갖게 되었고, 전경련 빌딩은 당초의 설계대로 허가를 받고 건축하게 되었다. 학습한 것을 학습한 것으로 끝나지 않고, 이를 실천하였음을 주목할 필요가 있다.

오늘날 학교를 졸업하고 몇 년 만 지나면 계속교육을 받아야 생존이 가능할 정도로 사회는 급속도로 변하고 있다. 따라서 학교교육에는 한계가 있으며, 이제는 스스로 학습하는 평생학습역량을 학교와 일터에서 가르쳐야, 급변하는 사회에서 생존하고 공헌할 수 있는 세상이 되었다.

이 책을 읽으면 아산 선생이 어떤 사회적 맥락 속에서 어떻게 학습하였고, 학습한 것을 어떤 방법으로 전파하였으며, 여기에서 얻은 지혜를 어떻게 활용하여 기업을 경영하고 사회에 공헌하였는지 알 수 있다. 학습인간의 진면목을 발견할 수 있다.

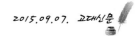

2015.09.07. 고대신문

이달은 '직업능력의 달'이다. 직업은 생존의 조건이고 직업능력 개발은 국민 누구나 행복하게 살기 위한 필요조건이다. 복지선진국이 복지국가(welfare state)에서 직업능력을 개발해주는 국가(enabling state)로 패러다임을 바꾼 것은 성장이냐 분배냐의 이분법적 논쟁을 뛰어넘어 중도실용주의를 지향한 증거이다.

사회적 취약계층에 직업능력 개발 기회를 제공하여 개인의 삶의 질을 향상시키고 가정이 행복하도록 도와준다면 친서민 사회통합정책으로 작동할 수 있다. 중도실용주의를 구현하려면 일터 수준, 지역사회 수준, 국가 수준, 그리고 국제 수준에서 직업능력 개발을 활성화할 필요가 있다.

첫째, 일터 수준의 직업능력 개발은 개인의 직무능력 향상은 물론이고 조직의 생산성 및 기업경쟁력과 불가분의 관계에 있다. 기업의 연차보고서에 직업능력 개발에 관한 보고가 없으면 신용평가에서 후한 점수를 받지 못한다. 직업능력 개발을

직업능력개발은 성장-분배 함께 이루는 길

하지 않는 기업의 미래는 밝지 않다는 판단이 국제기업평가의 기준 중 하나이다. 직업능력 개발은 현재 문제 해결뿐만 아니라 미래기회를 창출하는 방편으로 인식된다. 기업뿐만 아니라 정부 단체 학교 등 일터에 있는 직장인의 능력을 개발해야 하며 특히 미래 인재를 개발하는 책임을 가진 학교 교직원의 직업능력 개발을 심화할 필요가 있다.

둘째, 지역사회 수준의 직업능력 개발비용은 정부가 복지 차원이 아닌 투자 차원에서 집행할 책무가 있다. 서민이 직업능력 개발을 통해 복합화한 경제구조에 따른 노동시장의 분화를 극복하도록 도와야 한다. 서민뿐만 아니라 사회지도급 인사의 직업능력 개발도 똑같이 중요하다. 지역사회 지도자가 되려는 사람에게 리더로서의 자질을 개발할 학습기회와 학습자원을 제공하는 일이 사회 수준의 중요한 직업능력 개발이다. 사회 수준의 직업능력 개발자원을 공유하기 위해 중앙정부 및 지방정부, 시민단체 간의 민관 파트너십 구축은 물론이고 지방정부와 시민단체 상호 간의 파트너십이 필요하다.

셋째, 국가 수준의 직업능력 개발과 관련해서 국가는 변화하는 노동시장에서 개인이 효과적으로 경쟁하는 데 필요한 기술과 지식을 평생 동안 학습하도록 진작시킬 책무가 있다. 국가는 국가 차원에서 직업능력 개발을 위한 교육자원과 학습자원을 공유하는 기본틀 및 네트워크를 만들도록 해야 한다. 또 고용주가 사업경쟁력을 제고하는 데 필요한 기술을 종업원이 습득할 수 있는 여건을 구비하도록 투자하게 만드는 틀을 제공해야 한다. 나아가 새터민과 해외 이주자의 정착을 돕고 그들과 더불어 살아가는 다문화사회의 직업능력 개발을 국민통합 차원에서 수행할 필요가 있다.

넷째, 국제 수준의 직업능력 개발은 한국 교육의 국제화와 맞물려 있다. 경쟁과 협력의 두 가지 수레바퀴를 동시에 굴려야 하는 국제사회에서 국가는 국제 수준의 직업능력 개발을 외면할 수 없다. 국제노동시장이 유연해짐에 따라 해외의 일터로 진출하려는 한국인의 직업능력 개발을 국제적 수준으로 업그레이드해야 할 필요가 있다.

2009.09.19. 동아일보

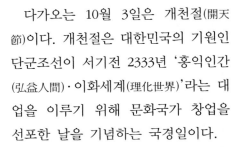

홍익인간 弘益人間
이화세계 理化世界

다가오는 10월 3일은 개천절(開天節)이다. 개천절은 대한민국의 기원인 단군조선이 서기전 2333년 '홍익인간(弘益人間)·이화세계(理化世界)'라는 대업을 이루기 위해 문화국가 창업을 선포한 날을 기념하는 국경일이다.

'홍익인간·이화세계'는 순리를 깨우쳐 세상을 다스려 널리 인간과 만물을 이롭게 하자는 것이다. 순리와 상식이 통하면 백성이 행복해진다. 순리와 상식이 통하지 않으면 분노하는 것이 인간의 속성이다. 널리 인간을 이롭게 하자는 '홍익인간'은 대한민국이 지향해야 할 교육이념으로 교육기본법에 명시되어 있다.

대한민국 교육기본법 제2조(교육이념)에는 "교육은 홍익인간의 이념 아래 모든 국민으로 하여금 인격을 도야(陶冶)하고 자주적 생활능력과 민주시민으로서 필요한 자질을 갖추게 함으로써 인간다운 삶을 영위하게 하고 민주국가의 발전과 인류공영(人類共榮)의 이상을 실현하는 데 이바지하게 함을 목적으로 한다"고 규정돼 있다.

'홍익인간·이화세계'의 대업을 시작한 개천절에 즈음해 홍익인간의 교육이념이 교육현장에서 제대로 구현되고 있는지를 우리나라가 문화국가로 재도약하려는 시점에서 짚어보는 것은 의미가 있다.

인간다운 삶에 기본적으로 필요한 것이 인간관이다. 아이들의 꿈과 끼를 키우려고 교사들이 애쓰고 있지만, 매우 안타깝게도 학교 안팎에서 폭력으로 고통받는 학생이 너무 많다. 폭력과잉의 세상이다. 신체폭력은 물론 언어폭력도 심각하다. 학교폭력 피해학생의 자살로 인해 스쿨폴리스제도가 도입되었지만, 보다 근원적인 교육적 처방이 필요하다. 즉, 인간생명의 존엄성을 체화할 수 있는 인간관이 형성되도록 해 폭력을 내면으로부터 원천적으로 거부할 수 있게 만들어야 한다. 각급 학교에서 학년별로 바른 인간관이 형성될 수 있도록 무엇을 가르치고 있는지 분석해야 한다.

가정은 국가를 구성하는 원초적인 사회집단이다. 가정폭력과 존속살인은 가정관의 결핍에 기인한다. 행복한 가정생활에 대한 이해를 가지는 가정관을 형성하는 것이 필요한 이유가 여기에 있다. 이웃과 함께 살아가는 지역사회에서 사회관은 행복한 지역공동체 생활의 영위를 좌우한다. 각 개인의 건전한 사회관은 남과 더불어 살아가는 민주사회를 발전시키는 동력이 되기도 하다.

자주적 생활능력을 위해서는 직업관이 형성되어야 한다. 대졸자 과잉공급으로 인한 구조적 실업도 문제지만, 청년의 중소기업 기피로 인한 자발적 실업은 더 큰 문제다. 한국기업의 99%가 중소기업이고 근로자의 88%가 중소기업에서 일하고 있지만, 중소기업은 구인난이고 청년은 구직난이다. 덴마크는 의무교육 기간 '교육－직업－노동시장 오리엔테이션' 과목을 이수해 직업관 형성에 도움을 주고 있다. 우리도 교육과정이 중소기업에 대한 올바른 이해를 할 수 있도록 짜여 있

177

는지 점검할 필요가 있다. 민주국가의 발전을 위해서는 국가관이, 인류공영의 이상을 실현하기 위해서는 세계관이 필요하다. 바른 국가관이 확립되면 국경일인 개천절을 공휴일로만 여기지 않고, 국민 각자가 문화국가의 구성원으로서 긍지를 가질 수 있다. 바른 국가관 확립으로 나라의 경제발전과 안보를 튼튼히 해 다시는 나라를 잃는 오욕의 역사를 되풀이하지 말아야 한다.

교육이 지식교육에 머물러서는 인격을 도야하기 어렵다. 가치관 교육이 필요하다. 인간관, 가정관, 사회관, 직업관, 국가관, 세계관 등 6관(觀)의 가치관이 형성될 수 있는 새로운 교육을 통해 홍익인간의 교육이념을 구현해야 국민이 행복해지고 대한민국이 문화국가로 우뚝 설 수 있다.

2013.09.30. 헤럴드경제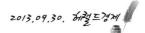

정부가 최근 군(軍) 인적자원 개발을 강화해 장병들이 군복무를 하면서도 학점을 이수할 수 있는 시스템을 갖추려는 것은 매우 바람직하다. 장병 대다수가 전문대 이상의 학력을 가진 한국군의 인적자원은 세계적으로도 매우 우수하다. 군이 보유한 우수한 인적자원을 체계적으로 개발하고 활용하는 것은 군 전투력 향상은 물론 장병 개개인의 경력 개발과 국가경쟁력 제고를 위해 대단히 필요한 일이다.

군의 인적자원을 민간 경제력으로 연결해 성공한 대표적인 사례가 이스라엘이다. 이스라엘은 고등학교 졸업 후 남자는 3년, 여자는 2년 군복무를 마쳐야 대학에 입학할 수 있다. 이스라엘 군은 복무 기간 중에 군이 지정하는 대학, 지정하는 학과에서 4년 동안 교육을 받을 수도 있으며, 이 경우 대학 졸업 후 군에서 다시 동일한 분야에서 근무할 수 있다. 군복무 중 본인 명의의 기술 특허를 획득할 수도 있다.

이스라엘은 군 인적자원 개발을

軍인적자원개발 기대 커

179

정보기술(IT) 인력 양성으로 특화했다. 지금 이스라엘이 농업국에서 IT 강국으로 변신한 데에는 그 영향이 컸다. 세계적인 IT 기업들이 이스라엘에서 연구소를 운영하고 있으며, 인구가 600만여 명밖에 되지 않으면서도 미국 나스닥에 상장된 회사를 세계에서 3번째로 많이 보유하고 있다. 이스라엘 군의 첨단 인력 양성소는 전산학교다. 이 학교에 입학하면 군 의무복무기간 이외에 3년 더 추가로 복무해야 한다. 전산학교에선 6개월 동안 매일 15시간의 강도 높은 수업을 실시한다. 5~6년의 군복무 기간 중 교육과정과 실무를 결합해 민간 부문에서는 접할 수 없는 프로젝트를 다수 수행하기 때문에 전산학교를 통해 배출된 인력이 이스라엘 소프트웨어 산업에서 핵심적인 역할을 수행하고 있다.

이처럼 군 인적자원 개발을 성공적으로 추진하기 위해서는 군은 물론 고등교육기관과 기업의 협력이 있어야 한다. 군의 각 병과학교에서 이수한 교육과정을 대학 학점으로 인정해주는 것은 물론 IT 보안기술, 지형 탐색, 기상예측 등 군의 특장을 최대한 활용해 특수 전문 인력을 양성할 수 있도록 투자를 집중해야 한다. 또 군과 지역적으로 근거리에 위치한 고등교육기관이 보유한 교육 자산을 군이 공유할 수 있어야 한다. 전자학습(e-learning)을 통해 대학 강의를 직접 수강할 수 있는 방안도 강구돼야 한다. 민간 기업이 군에서의 전문 분야 근무를 경력으로 인정해 주도록 민-군 협력 체제를 갖춰야 한다.

앞으로 군 인력의 충원과 양성 계획을 수립할 때는 인적자원 개발 측면을 반드시 고려해야 한다. 입대 전의 전공이나 사회 경험뿐 아니라 개인의 능력과 적성을 평가할 수 있는 정교한 평가도구를 사용해 집중 양성 대상 인력을 선발하고 각 병과학교에 입교시켜야 한다. 병과학교별 수료생들은 해당 전문 분야에 복무하도록 하고, 복무 중 해당 분야의 국가기술자격증을 취득하도록 기회를 주어야 한다. 전역 직전 관련 기업에서 실습할 기회를 부여한다면 전역 후 실무에 즉각 적용할 수 있으므로 장병들이 전역과 동시에 노동시장에 쉽게 접근할 수 있을 것이다.

2004.12.30. 동아일보

국가관 교육,
안하나? 못하나?

지난 27일은 6·25 정전 60주년이었다. 종전된 것이 아니라 휴전상태다. 모든 국민의 국가관이 투철하고 국방력이 튼튼해야 전쟁을 억지하고 평화를 지킬 수 있으며 평화통일의 기반을 닦을 수 있다.

안보 현장을 둘러보기 위해 최전방 보병사단을 방문했다. 그때 만난 사단장이 국가관교육을 실시하면 병사들로부터 "학교에서 받았으면 좋았을 역사교육을 왜 이제야 받습니까?"라는 질문을 자주 받는다고 했다. 군에 온 젊은 남성들은 늦게나마 국가관 형성에 필요한 역사교육을 받을 기회가 있지만, 군복무 면제를 받은 남성들과 자원 입대자를 제외한 젊은 여성들은 그런 교육을 받을 기회가 전혀 없다는 이야기다. 젊은이의 절반 가량이 국가관 형성을 위한 역사교육을 제대로 받을 기회가 없다는 통계는 충격적이다. 이런 사실은 국가안보 차원에서 매우 중요한 문제로, 모든 학생들이 학교에서 바른 국가관 형성을 위한 교육을 받을 필요가 있다는 것을 의미한다.

역사교육은 국가관 형성에 영향을 미친다. 1950년 6월 25일 북한이 남침하여 1953년 7월 27일에 정전되기까지 한국전쟁에 대한 학생들의 이해가 부족하다는 조사 결과로 인해 역사교육에 대한 반성이 일고 있어서 국사의 대입수능 필수과목 지정에 대한 논의가 활발하다. 국사를 필수과목으로 지정하면 수험생들의 국가관 형성에 도움이 될 것이라고 기대하는 의견이 있다. 그런가 하면 오늘의 한국을 만든 근현대사를 두고 갈등을 노정하고 있는 역사학계의 현실을 봤을 때, 바른 국사교육을 기대할 수 있느냐는 우려를 표명하는 의견도 있다.

초·중학교에서 국가관의 기본이 형성될 수 있도록 제대로 가르치지 않고, 국사를 대입수능 필수과목으로 지정한다고 해서 문제가 모두 해결되는 것은 아니다. 수능을 치르지 않는 젊은이들을 국가관 형성 교육에서 소외시킬 수 없기 때문이다. 역사적 사건과 연대를 외워 시험을 보는 방식은 퇴출해야 한다. 오늘날 한국이 세계 속에서 차지하는 위상을 만들어 온 배경이 무엇인지 학생들이 제대로 이해할 수 있도록 역사교육을 해야 한다. 한국이 세계적인 경제대국으로 부상한 것은 근현대사 덕분이다.

왜 일본에게 나라를 강탈당했고, 일제강점기에 어떤 치욕을 겪다가 어떻게 광복을 했으며, 어떤 이유로 나라가 분단되었고, 6·25가 왜 일어났으며, 어떻게 유엔의 도움을 받아 나라를 지켰고, 정전 상태에서 외국의 원조를 받던 나라에서 어떻게 원조를 주는 나라로 바뀔 수 있었던 원동력이 무엇인지 등을 세계사적 맥락 속에서 이해할 수 있도록 교육해야 한다. 그래야 학생들이 바른 국가관은 물론 건전한 세계관을 형성하는 데에 도움을 줄 수 있다. 학생들이 바른 국가관과 세계관을 가질 수 있도록 초등학교에서부터 고등학교에 이르기까지 교육과정을 바꿔야 한다. 그에 앞서 모든 교사 양성과정과 연수과정의 교육과정을

전면적으로 개혁해야 한다.

　역사교사뿐만 아니라 모든 교사의 국가관이 바로 서야 학생들에게 바른 교육을 제대로 할 수 있기 때문이다. 교사 양성·연수 과정과 더불어 교감, 교장, 장학사, 장학관의 연수교육 과정에도 국가관 교육을 포함하여야 한다. 교육공무원뿐만 아니라 입법·사법·행정부의 모든 공직자가 바른 국가관을 갖고 공무에 임해야 국가안보가 튼튼해진다.

　정부의 운영방식을 국가중심에서 국민중심으로 바꿀수록 국가관 교육이 더욱 절실하게 필요하다. 국민 없이 국가가 존재할 수 없듯이, 국가 없이 국민도 존재할 수 없기 때문이다. 국가안보 없이 국민의 생명과 안전이 보장될 수 없으므로 바른 국가관 형성을 위한 교육은 아무리 강조해도 지나치지 않다.

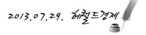

2013.07.29. 헤럴드경제

최근 국회에서 공공기관 여성 임원비율을 30%로 의무화하는 법안이 여야 공동으로 제안됐다. 시행일부터 3년차까지는 15%, 5년차까지는 30%를 목표로 하고, 이행하지 않는 기관은 명단 공개를 하겠다는 것이 주요 내용이다.

공공기관 여성 임원비율을 30% 이상으로 확대 노력하라는 인사 운영지침이 권고 사항으로 나왔지만 잘 시행되지 못했다. 그 이유는 의무 사항이 아니란 점도 있지만 승진할 수 있는 여성 중간관리층이 두텁게 형성되지 않았기 때문이며, 그 근본 원인은 여성의 경력 단절에 있다.

할당제는 취약한 계층이 기회를 얻지 못할 때 기회를 주는 촉진 정책이 돼야 하지만 오히려 준비된 다른 사람에게 규제가 될 수도 있다는 점을 고려해야 한다. '여성 임원 할당제'는 여성 인력이 충분히 확보된 조직에서는 촉진 정책으로 작용할 수 있지만 그렇지 못한 조직에서는 남성의 경력 개발을 저해하는 규제 정책이 될 수도 있어 논란이 일고 있다.

여성임원 확대, 경력단절 문제해결이 관건

이 문제에 대해 남녀 전문가에게 물었더니 공통적으로 여성의 경력 단절 문제 해결이 선결과제라는 반응이었다. 여성인 변정현 한국고용정보원 박사는 "여성 임원 할당제보다는 여성들이 중간 경력 단계에서 끊어지지 않고 고급 또는 상위 단계의 경력으로 이어갈 수 있도록 지원해주는 제도가 필요하다"고 했다. 가령 유능한 사람이 임원으로 승진했는데 그 사람이 여성이라면 일반 여성 직원들은 그녀를 롤모델 삼아 경력 개발을 할 것이지만 전문성과 윤리성을 검증받지 못한 사람이 단지 여성이기에 임원이 된다면 오히려 능력 개발과 발휘의 동기가 저하될 수도 있기 때문이라고 한다.

남성인 김재현 고려대 연구교수는 "여성 임원비율이 낮은 가장 큰 이유는 일과 가정의 양립이 힘든 환경 때문"이라며 "임원 할당제 법제화 이전에 먼저 출산과 육아를 하더라도 여성의 경력이 단절되지 않는 여건을 만들어주는 것이 시급한 과제"라고 말했다.

임신·출산·육아로 인해 경력이 끊어지는, 이른바 경력 단절 현상은 한국에서 특히 심각하다. 여성 임원이 많이 배출될 수 있을 만큼 여성이 지속적으로 경력을 쌓을 수 있는 풍토와 지원이 있었는가는 유럽 국가들의 여성 경제활동 참가 곡선과 비교하면 잘 알 수 있다. 여성 임원을 많이 배출한 유럽 국가들은 여성들의 경력이 단절되지 않고 20대에 일자리에 진입해 50~60대까지 지속적으로 경력을 이어간다. 그래서 임원으로 발탁 가능한 여성 전문 인력층이 두텁다.

하지만 한국의 경우 임신·출산·육아를 주로 경험하는 20대 후반에서 30대 중반까지 일을 그만뒀다가 그 이후에 다시 일자리를 찾는 패턴인 'M자형'의 경제활동 참가 모습을 보인다. 고위직으로 올라갈 수 있는 지속적인 전문 경력을 충분히 축적한 여성 인력의 층이 두텁지 못한 이유가 된다.

한국 20~30대의 경우 사법시험, 행정고시, 외무고시, 교원임용시험 등에서 여성의 합격률이 남성을 앞지르거나 대등하기 때문에 이 세대가 경력이 단절되지 않고 지속적으로 성장해간다면 많은 수의 여성 고위직이 자연스럽게 나올 것이다. 결국 경력 단절 문제 해결이 관건이다.

여성 중간관리자들을 임원 승진이 가능한 핵심 보직에 기용하는 조직문화를 만들도록 유도할 필요가 있다. 또 여성 친화 직종 및 일터를 선정해 일과 가정 양립을 위한 적극적 보육 지원과 모성 보호를 위한 인프라를 갖추는 동시에 유연근무제 활성화 등 고용형태가 다양화되면 경력 단절 문제해결의 실마리를 풀 수 있다. 여성 경력 단절 문제가 해결되면 여성 중간관리층이 보다 두터워질 수 있으므로 여성 임원 확대의 발판이 마련될 수 있다.

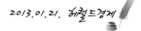

2013.01.21. 헤럴드경제

아이 사랑 위한
행복의 교육학

'아이사랑 운동'은 나라의 미래가 걸린 중차대한 문제다. 사랑할 수 있는 아이를 출산하지 않으면 나라의 미래가 없어지기 때문이다. 세계 최저의 출산율을 극복하기 위해 정부와 사회단체가 '아이 낳기 좋은 세상 운동본부'를 출범시켰다. 대통령도 "교육과 일자리 걱정 없이 출산할 수 있도록 뒷받침"하겠다고 했지만, 이 운동이 성과를 거두려면 행복의 교육학이 온전하게 작동돼야 한다.

부부가 결혼해 아이를 낳아 기르는 과정에서 부부와 아이가 찾을 수 있는 행복을 느낄 수 있도록 기초를 닦는 교육과정이 제대로 운용되고 있는지 반성해볼 필요가 있다. 부부가 결혼식을 올리고 혼인신고를 하면 사회적·법적인 부부가 되지만, 부부가 행복하게 사는 방법을 학교의 교육과정을 통해 적절하게 교육하지 못하고 있는 것이 현실이다. 아이들은 고작해야 부모들의 가정생활에서 학습하고, 텔레비전 연속극을 통해 부부생활을 어림짐작으로 배울 뿐이다. 그나마 정상적인 가정의 정상적인 소재보다는 매우 극적인 상황 설정으로 행복한 가정생활을 학습하기 어려운 것이 텔레비전 드라마의 현주소다.

아이사랑을 구현하고 행복한 가정생활을 꾸밀 수 있는 토대를 만들려면 무엇보다도 의식의 내재화가 필수적이다. 그 행복 의식의 내재화는 교육을 통해 가능하고, 아이사랑이 가능한 국민행복 시대를 열기 위해서는 교육과정이 바뀌어야 한다.

우리나라 교육기본법 제2조의 홍익인간이라는 교육이념을 구현하고 민주시민 양성이라는 매우 포괄적인 교육목적을 구현하기 위해서는 단위학교에서 달성해야 할 교육목표의 구체화가 필요하다. '자주적 생활능력'이 있어야 가정을 꾸릴 수 있고 아이사랑도 가능하다. '자주적 생활능력'은 '직업능력'으로 구체화해 일자리를 찾을 수 있는 역량을 학교는 물론 평생교육 과정을 통해 학습할 수 있도록 해야 한다. '인간다운 삶'을 영위할 때 인간은 행복해질 수 있다. 인간다운 삶을 영위하기 위해서는 최소한 심신이 건강해야 하고, 문맹을 벗어나야 하며, 행복한 가정생활과 직업생활 그리고 사회생활을 할 수 있는 역량을 가져야 한다.

따라서 교육의 목표는 건강·문해·직업철학과 직업역량, 부부생활, 자녀교육, 법과 질서, 문화생활 등 매우 구체적이어야 한다. 그럼에도 불구하고 홍익인간과 민주시민 양성이라는 거대한 교육이념은 액자 속에 담겨 벽에 걸려 있고, 진로직업 교육과 가정행복 교육은 입시교육으로 인해 뒷전으로 밀려나 버렸다.

아이사랑 가정행복 교육을 위해 새롭게 교과목을 만들자는 것이 아니다. 기존 교과에 통합적으로 진로교육과 가정행복 교육 내용을 담아내는 지혜가 필요하다는 말을 하는 것이다. 대학들도 어떻게 대학에 입학하느냐 하는 입시 방법만 발표할 뿐, 어떻게 교육하여 어떤 인재

189

를 만들어서 졸업생들이 사회에 나가 어떤 일을 하며 어떻게 행복을 느끼고 살아가도록 교육하겠다는 데에 대한 설명이 전혀 없는 점에 대해 반성해야 한다.

행복은 누구에게나 중요한 인생 문제다. 그렇기 때문에 선거 때만 되면 정당들이 앞 다퉈 국민을 더 행복하게 만들어 주겠다는 공약을 내놓지만, 정당의 공약 덕분에 행복을 느끼는 국민은 그리 많지 않아 보인다. 선거 때만 작동되는 행복의 정치학이 빛을 발하려면 평상시 학교교육과 평생교육에서 행복의 교육학이 작동돼야 한다. 그래야 아이사랑 운동이 성공하고 저출산 문제도 극복할 수 있다.

아이들과 어른들이 행복에 대한 올바른 이해와 가정과 일터, 그리고 인간관계에서 행복할 수 있는 방법을 학습할 수 있도록 학교교육은 물론 평생교육 과정이 거듭나야 한다.

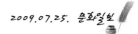

2009.07.25. 문화일보

출산율 제고 위한 교육 개선 대안

아이가 없으면 미래가 없다. 가족이 행복해야 아이가 있고, 아이가 있어야 미래가 있다. 국가와 사회가 가족이 행복할 수 있는 여건을 만들어야 저출산 극복이 가능하다. 저출산 극복 대책의 일환으로 대통령 직속 미래기획위원회가 제안한 '만 5세 취학 방안'에 대해 논란이 있지만, 이미 영국과 뉴질랜드 등에서는 입학일 기준으로 안정적으로 시행중임을 주목해야 한다.

조기 취학이 되면 자녀 양육 부담이 가정에서 학교로 전이되는 효과가 있다. 학교의 방과후 보육 기능을 확대하기 위해서는 지방자치단체와 지역 교육청이 긴밀히 협조해 방과후 보육 프로그램을 개발해야 한다. 지역의 사정에 따라서 유아교육 기관 프로그램을 활용하는 방안도 고려해 볼 만하다. 학습능력이나 적응력이 떨어지는 경우를 대비해 학교의 교육과정을 취학연령 아동에 맞게 영국과 뉴질랜드처럼 조정할 필요도 있다.

조기 취학으로 노동력 조기 투입

191

의 효과를 국가 경쟁력 강화로 연결하려면 국가 백년대계 차원에서 '한 줄 세우기' 단선형 학제를 '여러 줄 밟기' 다선형 학제로 개편해 직업교육을 중시해야 한다. 한국의 단선형 학제는 아이들로 하여금 대학을 향해 한 줄로 세우고 있기 때문에 부모들의 교육비 부담 과중으로 출산을 기피하는 요인이 되기도 하지만, 사회가 필요한 인력을 다양한 단계에서 제대로 공급하지 못하기 때문에 기업 구인난과 청년 구직난의 원인이 되고 있다.

영국의 다선형 학제는 아이들이 재능에 따라 여러 줄을 밟기 때문에 다양한 단계에서 사회에 진출할 수 있다. 학생들은 초등 6년과 중등 5년 모두 11년의 의무교육을 마치면 직업 전문학교나 대학 입학 준비교에서 각각 2년을 더 공부할 수 있다. 영국의 중등학교 졸업생 70%는 직업 전문학교에서 공부하기 때문에 13년 만에 사회에 진출한다고 직업 전문학교인 런던 웨스트민스터 킹스웨이칼리지의 앤디 윌슨 학장이 최근 밝혔다. 영국의 직업 전문학교는 중등학생들에게도 위탁교육 계약을 해 일터에서 주말을 이용, 직업교육을 제공하며 중등학교를 졸업하는 16세에 정식으로 입학시켜 산업 현장에서 즉시 활용할 수 있는 직업교육을 한다.

직업을 가져야 결혼을 할 수 있고 출산도 할 수 있다. 한국의 경우 인문계 고교 2학년을 마치고 3학년 때 아현산업정보학교와 같은 직업학교에서 1년간 위탁교육을 받는 프로그램이 있다. 그러나 전국에 7개교밖에 없고 희망 학생에 비해 수용할 수 있는 인원과 시설이 턱없이 부족한 실정이다. 인문계 고교에 진학했을지라도 직업기술교육을 받을 기회를 부여하는 것이 매우 절실하다는 현실적 증거다. 따라서 영국처럼 중학생부터 희망자는 누구든지 직업기술교육을 받을 수 있도록 조치해야 한다. 직업기술교육을 받고 대졸자보다 먼저 직업을 갖는 기술인이 학위가 아닌 역량에 의해 사회경제적으로 대우받을 수 있는 정책이 반드시 뒷받침돼야 조기 취학이 노동력 조기 투입으로 연결돼 국가경쟁력을 강화할 수 있다.

마지막으로, 가족 행복 차원에서 저출산 극복 문제를 적극적으로 접근해야 한다. 인구가 증가하고 있는 베트남도 인구를 더 늘리는 교육정책을 시행하고 있다. 베트남 응웬티엔년 부총리 겸 교육훈련부 장관이 "핀란드를 방문해 보니 국제학업성취도 평가(PISA) 성적은 우수하지만 인구가 적어 미래가 밝지 못할 것이라고 판단, 귀국 즉시 인구가 국력임을 교육정책에 반영해 각급 학교의 교육과정에 결혼하여 아이를 많이 낳아 잘 사는 것이 가족 행복의 근원이라는 개념을 도입해 출산을 장려하고 있다"고 최근 하노이에서 만났을 때 말해주었다. 출산장려를 위해서는 조기 취학뿐만 아니라 교과서 내용까지 바꾸는 정책도 필요하다.

2009.11.28. 문화일보

中企 취업경력 청년에게 창업지원 우대하자

고용 없는 성장시대에 창업이 세계적 화두가 됐다. 한국도 예외가 아니다. 중앙정부와 지방정부가 경쟁적으로 청년 창업지원에 나선 지 오래다.

고용노동부는 사회적 기업의 창업촉진을 위해 아이디어 부문과 창업부문을 나누어 소셜벤처 지원사업을 했다. 문화체육관광부는 뉴미디어 분야의 창업을 위해 교육과 컨설팅 및 창업사업화 지원을 했다. 산업통상자원부는 바이오산업 분야의 예비창업자에 대한 이론과 실습교육을 제공했다.

중소기업청은 대학생 창업교육을 위해 창업강좌 운용비용과 창업아이템 개발에 소요되는 비용을 창업동아리에 지원했다. 창업예비자와 창업전문가 양성을 위한 창업대학원 프로그램 및 기술창업학교 사업으로 창업을 원하는 이들에게 멘토를 지정하고 이론과 실습교육을 지원했고, 대학생과 대학원생의 기술창업에 필요한 실험실 창업지원과 대학의 물적·인적 인프라를 활용한 예비기술

창업자 지원을 했다. 우수 창업아이템을 보유한 예비창업자를 지원하기 위해 중소벤처창업경진대회를 열기도 했다.

서울시의 '하이서울 창업스쿨', 대전시의 '유스(Youth) CEO(최고경영자) 300', 경기도의 'G창업스쿨'은 창업교육과 창업컨설팅에다 신용보증지원까지 했다.

새 정부가 새로운 창업지원 정책을 내놓기 전 그간 추진해온 창업지원사업의 효율성과 효과성을 평가할 필요가 있다. 창업지원 정책을 평가할 때 중앙정부 부처 간이나 지방정부 창업지원 사업이 비슷하거나 중복되는 부분은 없는지, 부처 간 긴밀하게 협력해야 할 부분은 무엇인지, 창업교육과 사업화 지원이 잘 연계되고 있는지, 창업지원 대상은 적절한지, 그리고 창업지원에 대한 접근성은 보장돼 있는지 면밀히 분석해 개혁할 필요가 있다.

특히 창업지원 접근성은 창업의 출발점으로 매우 중요하다. 예를 들어 접근성이 탁월한 창업지원 프로그램으로 영국의 '플라잉스타트(Flying Start)'가 있다. 이 프로그램은 대학 졸업 예정자와 대학 졸업 5년 이내 청년의 창업을 돕기 위해 2004년 창설한 '전국 졸업생 창업가정신 위원회(The National Council for Graduate Entrepreneurship)'가 운영하는 온라인 프로그램이다. 금방 창업했거나 1년 이내 창업할 사람을 대상으로 3일간 집중적으로 교육을 제공하고, 창업 후 1년간 꾸준히 해당 분야 산업전문가에게 자문받을 수 있도록 해준다. 정부 부처와 기업·대학이 공동으로 창의적 문화산업 등 분야별로 특화한 창업 전문 네트워크를 구성해 지원한다. 과학기술 분야에서 성공 가능성이 높은 창업가를 발굴해 6개월간은 자국에서, 6개월간은 창업경쟁력이 높은 미국에서의 훈련 기회를 제공하는 것이 특징이다.

이처럼 취업경력자에게 창업 문호를 개방하고 있는 점을 주목할 필

요가 있다. 취업경력 없이 창업에 성공한 사람도 더러 있지만, 5년 이내의 취업경력이 창업에 도움이 될 수 있다는 전제는 매우 합리적이다. 한국도 취업경력이 있는 청년에게 창업지원을 개방하고, 특히 중소기업 취업경력이 있는 청년을 우선적으로 지원한다면 창업 성공률을 증가시킬 수 있을 뿐만 아니라 중소기업을 기피하는 취업문화를 바꿀 수 있는 다면적인 효과가 있다. 차제에 중소기업의 근로환경과 보상수준이 개선될 수 있도록 청년을 고용하는 기업에 대한 인센티브를 강구할 필요가 있다.

인센티브 정책의 하나로 청년을 고용하는 중소기업에 정부가 1년간 공공 부문 인턴 채용에 지불하는 비용만큼 지원한다면 청년들은 삶의 터전인 일자리를 얻고 나아가 창업의 꿈을 키울 수 있다. 중소기업은 고급 신규인력을 충원할 수 있고, 공공기관은 인턴관리 행정력을 아낄 수 있으며, 정부는 청년실업 해소와 중소기업 인적자원 경쟁력 강화를 동시에 꾀할 수 있을 것이다. 청년창업 활성화를 위해 정부가 발상을 전환할 때다.

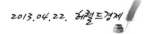

2013.04.22. 헤럴드경제

탈도 많고 말도 많은 갑오년이 저물고 있다. 특히 부와 권력을 가진 이가 '노블리스 오블리주(noblesse oblige)'를 실천했다면 칭찬이, 그렇지 못했다면 비난이 쏟아지고 있다. 지난 2월 말에 택시가 호텔 출입문으로 돌진한 사고를 잘 처리했다는 S호텔의 이야기가 새삼스레 주목을 끌고 있다. S호텔 사장이 발휘했던 리더십을 "공(恭)·관(寬)·신(信)·민(敏)·혜(惠)"로 구성된 '인(仁)의 리더십' 틀로 분석해보면 그 이유를 가늠할 수 있다.

인(仁)의 리더십은 다섯 가지 원칙으로 구성되어 있다. "공손하면 후회하지 않고(恭則不悔), 너그러우면 대중의 마음을 얻고(寬則得衆), 믿음이 있으면 사람들이 의지하고(信則人任焉), 민첩하면 공을 세우고(敏則有功), 은혜로우면 족히 사람을 부릴 수 있다(惠則足以使人)"로 논어(論語)의 양화(陽貨)편에 적혀 있다.

공즉불회(恭則不悔) 원칙에서 보면, 그녀는 사고를 낸 택시 기사를 공손하게 대했기에 후회할 일이 없다. 만약 불손하게 택시 기사를 대했다면

인仁의 리더십

세간의 따가운 눈총을 받아 후회할 수도 있었을 것이다. 기업의 경영자뿐만 아니라 각계각층에서 영향력을 발휘하는 리더가 공손한 태도로 이해관계자들과 소통하면 후회를 막을 수 있다. 후회는 결코 앞서는 경우가 없기 때문이다.

관즉득중(寬則得衆) 원칙에서 보면, 그녀는 택시기사의 실수를 관대하게 처리하여 인심을 얻었다. 너그럽게 사람을 대하면 그 사람의 마음뿐만 아니라 대중의 마음도 얻지만, 너그럽지 않게 대하면 그 사람의 마음을 얻지 못할 뿐만 아니라 대중의 마음도 얻지 못한다는 것을 보여주었다. 완벽한 사람은 없기에 사람은 누구나 실수할 수 있다. 남의 실수에 관대하면 대중의 마음을 얻을 수 있다는 교훈이다.

신즉인임언(信則人任焉) 원칙에서 보면, 그녀가 운전부주의로 판명난 택시 사고 처리과정에서 보여준 리더십으로 인해 회사 안팎에서 신뢰를 얻었다. 그녀는 사람들이 믿고 의지할 수 있는 리더로 자리매김 되었을 뿐만 아니라 기업의 이미지를 높였다. 경영자가 신뢰의 리더십을 보여주는 데 실패하면, 국내 고객뿐만 아니라 외국 고객으로부터 신뢰를 잃어 기업의 이미지를 국제적으로 추락시킬 수 있다.

민즉유공(敏則有功) 원칙에서 보면, 그녀는 택시 돌진 사고를 보고받은 뒤, 민첩하게 택시기사의 가정상황을 파악하도록 지시했고 그 결과를 토대로 의사결정을 했기에 기업의 이미지를 높이는 공을 세울 수 있었다. 사고 현장뿐만 아니라 사고를 낸 택시 기사의 가정환경까지 적시에 파악하는 경영자의 민첩한 대응 역량이 돋보인다.

혜즉족이사인(惠則足以使人) 원칙에서 보면, 반(半)지하에 거주하는 택시 기사의 어려운 가정형편을 파악한 그녀가 그에게 수억원대의 피해보상 요구를 하지 않았고, 나아가 부상자들의 합의금까지 해결해주는 은혜로움을 실천했다. 족히 사람을 이끌 수 있는 인간적인 리더십의 발로다. 이처럼 나눔의 리더십을 실천한다면 다른 사람들의 팔로워십을 충분히 이끌어 낼 수 있다. 팔로워십을 끌어내는 리더십은 성공한다.

자식교육만큼 어려운 교육은 없다. 그녀가 논어를 학습했는지 모르지만, 택시 돌진사고를 처리하는 과정에서 이 땅의 선비정신인 인(仁)의 리더십을 발휘하였다. 이제 그녀의 부모는 자식교육을 잘 했다는 말을 들을 수 있게 되었다. 축복이다. 을미년 새해에는 '노블리스 오블리주'를 실천해야 할 각계각층의 모든 인사들이 인(仁)의 리더십을 학습하고 발휘하여 본인은 물론 부모가 함께 축복받기를 염원(念願)한다.

2014.12.22. 헤럴드경제

新고졸인재시대 위한 입체적 전략

문화일보는 9일 대한상공회의소 조사 결과를 토대로 "기업이 학력보다 능력을 우선시하는 '신(新)고졸 취업시대'가 활짝 열린다"고 보도했다. 고졸 취업문화를 꽃 피우고, '신 고졸 인재시대'가 뿌리내리려면 기업과 대학, 그리고 군(軍)이 고등학교 단계의 직업교육을 살리는 몇 가지 방안을 시행할 필요가 있다.

첫째, 기업은 학교교육이 부실하다고 비난만 할 게 아니라 직업계 고교생들의 현장 실무능력 배양을 위해 독일이나 스위스 기업처럼 동참해야 한다. 기업이 원하는 인재를 양성하려면 산업별 협의체가 직업계 교육 과정 편성에 적극 참여하는 게 중요하다. 교원들의 산업체 현장 연수를 확대하고 학생들의 현장실습을 적극 지원해 학교교육을 바꿔나가야 한다. 학생들이 중소기업을 기피한다고 외국인 근로자 쿼터를 늘려 달라고만 할 게 아니라, 기피 요인을 파악해 제거하려는 노력을 해야 한다.

둘째, 직업계 고교의 전공을 살려 줘야 기업경쟁력이 제고되고 학교의 취업경쟁력도 높일 수 있다. 막연하게 고졸자로 뽑는 게 아니라, '무슨 무슨 전공자'로 뽑아야 한다. 마이스터고나 특성화고의 직업계 고교 학생들은 특화된 전공교육을 받은 인재들이다. 학생들을 전공별로 채용하면 학교의 진로교육도 살아날 수 있다. 그렇게 되면 일단 대학에 입학하고 나서 전공과 무관한 취업 준비를 시작하는 비효율을 시스템으로 제거할 수 있게 된다.

셋째, 대다수 대기업은 근로자 자녀들에 대한 대학학자금을 지원하고 있다. 이를 대학학자금 지원이나 취업장려금 지원 중 선택할 수 있도록 제도를 고칠 필요가 있다. 노사(勞使)가 머리를 맞대고 검토하면 해결할 수 있다. 자녀가 고교를 졸업하고 취업하면 대학학자금 지원을 받지 못하므로, 취업할 의사가 있더라도 취업을 포기하고 일단 대학에 진학하는 경우가 많다. 이 경우 대학을 졸업하고 취업을 하면 문제가 없겠지만, 대학 졸업생의 절반 가량이 괜찮은 일자리를 구하지 못해 방황하는 현실을 감안할 때, 취업 의사가 있는 자녀들은 취업할 수 있도록 취업장려금 지원 제도가 마련돼야 한다. 그러면 무분별한 대학 진학으로 인한 청년실업을 예방할 수 있다.

넷째, 군 미필자의 채용을 확대해야 한다. 최근 몇몇 기업과 공공기관 등은 과감하게 군 미필자를 채용하는 변화를 주도하고 있다. 그러나 아직도 군 미필자를 뽑지 않은 기업이 대다수다. 기업이 군 미필자 채용을 꺼리는 이유는 그들이 입사해 얼마간 일하다가 군에 입대하기 때문에 인력 운용에 손실이 초래된다고 판단하기 때문이다. 군 미필자들이 기업에 취업한 뒤 군에 입대할 경우 해당 전공 특기분야에 근무할 수 있도록 국방부가 노력하고 있음을 기업에 적극 알릴 필요가 있다. 그렇게 되면 경력 개발이 심화될 수 있다. 해당 전공 특기분야에 근무하기 때문에 군복무 후 복직하게 되면 기업의 경쟁력도 그만큼 제

고될 수 있다는 점을 기업들이 평가할 수 있도록 군이 협력한다면 금상첨화(錦上添花)다.

다섯째, 고교를 졸업하고 곧바로 대학에 진학해야 한다는 인식을 바꾸기 위해선 대학들이 바뀌어야 한다. 영국의 옥스퍼드대나 케임브리지대는 25세 이상의 성인이 입학하는 학사과정이 있다. 미국과 핀란드에는 고졸 취업 후 일하면서 파트타임으로 다니는 전문대생이 많다. 한국도 '선(先)취업 후(後)진학' 정착을 위해선 대학의 주간 과정을 줄이고 야간과 주말 과정을 확대해 파트타임으로 공부할 수 있는 기회를 제공할 필요가 있다.

'신 고졸 인재시대'가 기업 현장에 뿌리내리게 되면 국가 뿌리산업의 현장 경쟁력을 높일 수 있고, 청년실업 문제를 해소해 사회적 건강도를 높일 수 있게 된다.

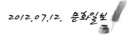

2012.07.12. 문화일보

한국 고급 두뇌의 해외 유출에 대한 경고음이 심각하다. 스위스 국제경영개발연구원(IMD)이 간행한 2013년 세계 경쟁력 연감에 따르면, 한국의 두뇌유출(brain drain)지수가 4.63으로 전년의 3.40에 비해 개선되기는 했지만 조사 대상 60개국 중 37위였다.

두뇌유출지수가 10에 근접하면 유출이 거의 없어서 국가 경제 발전에 도움이 된다는 의미다. 반면 0에 근접하면 유출이 많아 국가 경제 발전에 피해를 준다는 뜻이다. 1위인 노르웨이 8.04, 2위 스위스 7.60, 3위 스웨덴 7.51, 4위 핀란드 7.28, 5위 미국 7.11과 37위인 한국의 4.63을 비교해 보면 한국이 두뇌 유출을 최소화하기 위해 특단의 정책이 필요함을 알 수 있다.

제2차 세계대전 후 독일을 비롯한 유럽 국가의 수많은 고급 두뇌가 미국으로 건너가 미국의 국부를 창출했다. 지금은 한국을 비롯한 아시아의 고급 두뇌들도 미국의 싱크탱크에서 일하고 있다. 한 나라의 두뇌

고급 두뇌 유출, 더 방관해선 안 된다

유출은 다른 나라에는 두뇌 유입이다. 국부 창출의 원동력이 된다.

고급 두뇌를 국내로 유인하기 위해서는 국가 통치자의 리더십이 절실하다. 과거 박정희 대통령 시절에 한국과학기술연구원(KIST)과 한국개발연구원(KDI)을 설립, 우수한 인재들을 초빙해 과학 발전의 초석을 쌓고 경제개발의 청사진을 그렸다. 당시의 한국의 국책 연구기관은 국가 싱크탱크로서의 국제적 위상을 지녔었다. 하지만 1997년 외환위기 이후로 국책 연구기관에 대한 정부 지원이 줄어들면서 고급 두뇌 유치가 원활하지 못하게 됐다.

고급 두뇌가 유출되는 중요한 이유의 하나는 연구 환경이 선진국 수준에 비해 현저히 떨어지는 데 있다. 국책 연구기관이 세계적으로 우수한 인재를 유치하기 위해서는 정부가 과감한 투자를 통한 고급 두뇌 유치 전략을 세워야 한다. 또한 예산 시스템도 개혁해야 한다. 국책 연구기관에 연구 예산을 절반 정도만 배정하고, 나머지 예산은 정부 용역으로 해결해야 하는 현재의 예산 시스템으로는 국가 발전을 위한 창조적인 연구를 수행하기 어렵다. 정부 용역 예산 수주에 급급하기 때문이다.

민간 연구기관과 대학도 고급 두뇌를 유치하려면 연구 환경의 선진화를 도모해야 한다. 두뇌가 유출된다는 것은 그들의 두뇌에 축적된 지식과 기술을 외국에 양도하는 것과 같다. 고급 두뇌가 오고 싶은 연구 환경을 만들고, 떠나지 않고 연구를 지속할 수 있도록 재정적 뒷받침을 해야 한다.

대통령이 독일을 방문했을 때 히든 챔피언인 강한 중소기업 육성 의지를 표명했다. 한국의 중소기업이 히든 챔피언으로 거듭나려면 국책 연구기관과 대학으로 하여금 중소기업용 원천 기술을 개발할 수 있는 연구 협업 체제를 갖춰야 한다. 협업 연구 환경을 조성하려면 중소기업이 원하는 원천 기술 개발 고급 두뇌를 국책 연구기관이나 대학이 유치하고, 유출을 방지할 인프라를 구축해야 한다.

인재 개발과 유치는 물론 두뇌의 해외 유출을 방지하기 위한 정부 예산의 우선순위를 정할 필요가 있다. 외국에 의존하고 있는 핵심 부품의 국산화, 중소기업의 히든 챔피언 만들기, 국가 뿌리 산업의 원천 기술 개발하기, 그리고 미래의 먹거리를 만드는 수종(樹種)산업 개발을 위해 필요한 국가 인재 개발 정책과 유치 정책을 재점검할 필요가 있다.

고급 인재를 유치하기 위해서는 정부 예산만으로는 충분치 않다. 연구 · 개발(R&D) 투자를 할 수 있는 대기업을 움직여야 한다. 대기업이 중소기업과 R&D 협업 체제를 갖출 수 있도록 대기업의 투자를 유도할 필요가 있다. 과거 박정희 대통령 시절에는 기업인들을 사면해 투자를 하도록 해서 경제를 일으켰다. 참고할 만한 일이지만 대통령의 결단이 필요한 사항이다.

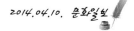

2014.04.10. 문화일보

靑馬해에
'퀀텀점프'
Quantum Jump
하려면

대통령이 작년 12월 27일 경제부처가 입주한 세종 청사에서 퀀텀점프를 만들어보자고 한 이후에 '퀀텀점프'가 새해 화두 중의 하나가 되었다. 경제가 '보통점프'가 아니라 '퀀텀점프'를 하려면 경제 정책을 수립하는 정부나 경제활동을 하는 기업이 확 바뀌어야 한다.

어떻게 바꿀 것인가가 관건이다. 세계은행은 차관공여 프로젝트를 진행할 때 해당 분야의 전문가가 내부에 부족하면 외부에서 초빙한다. 필자는 작년부터 세계은행의 컨설턴트로 위촉받아 개발도상국 정부의 정책변화를 컨설팅하고 있다. 이 프로젝트 팀에 참여하면서 한국이 퀀텀점프를 하려면 참고해야 할 세 가지 특징을 보았다.

첫째, 조직구성원의 다양성이다.

필자가 참여하고 있는 세계은행의 '경제성장을 위한 기술개발계획(Skill Development Plan for Economic Growth)' 팀의 구성원은 10명인데 국적이 모두 다르고 종족도 다르며 언어도 모두 다르다. 출신 대학과 전공도 다르다. 영어를 모국어로 하는 사람은 한 사람도 없지만 영어로 소통한다. 종교도 모두 다르다. 가톨릭교 개신교 불교 이슬람교 힌두교 등 다양하다. 20대, 30대, 40대, 50대, 60대의 남녀가 한 팀이 되어 일하기 때문에 다양한 시각으로 문제를 분석하고 종합하여 의사결정을 한다. 팀원들의 문화가 다르다 보니 때로는 오해도 하지만 소통을 통해 허심탄회하게 대화로 풀어나간다. 모두 역지사지의 입장에서 소통하고 화합해야 하므로 차관을 공여 받는 국가의 입장을 충분히 고려하여 일한다. 조직구성원의 다양성이 부족한 팀의 의사결정은 한쪽 방향으로 기울기 쉽다. 한쪽 방향으로 기울면 항상 올바른 결정을 내리기가 어렵다. 기업이나 공직사회도 다양한 배경을 가진 인재로 팀을 구성하여 다양한 시각에서 현상을 파악하고 의사결정을 할 필요가 있다.

둘째, 널리 전문가를 찾아서 활용한다.

함께 일하는 컨설턴트 중에 세계은행에서 일하다가 정년퇴임한 전문가가 있다. 프랑스인 경제학자인 그녀는 69세인데 세계은행 재직시 이 지역을 담당했던 관리자였다. 재직시 터득했던 그녀의 경륜과 암묵지를 현직들은 전수받을 수 있다. 필자는 세계은행 본부에서 개최된 인간개발회의에서 주제 발표를 하고, 싱가포르에서 개최된 동아시아개발회의에 토론한 인연밖에 없지만 초빙해주었다. 경제영토가 넓어지는 자유무역협정(FTA)시대의 한국기업은 세계시장 진출을 전제로 경영전략을 짤 필요가 있다. 이때 세계적으로 널리 전문가를 찾아서 활용할 필요가 있다. 특히 은퇴한 전문가를 초빙하는 지혜가 필요하다.

셋째, 개발금융 선진기법이다.

세계은행은 차관 공여국의 지불연계지수(Disbursement Linked Index: DLI)를 개발해 차관의 목적 달성을 위한 용처와 책임부서를 분명히 한다. 예를 들어, 차관금액이 1억 달러이면 한꺼번에 빌려주는 것이 아

207

니라, 상호 합의한 DLI를 차관 공여국이 달성해야 매년 2천만 달러씩 5년간 나누어서 빌려준다. 이때 DLI를 적정하게 설정하는 것이 매우 중요하다. DLI를 너무 쉽게 달성하도록 설정하면 소기의 목적을 달성하기 어렵고, DLI를 너무 어렵게 달성하도록 설정하면 차관 공여가 중단될 수 있기 때문이다. DLI를 적정하게 정하는 것뿐만 아니라, 이를 달성할 수 있도록 세계은행이 컨설팅을 수행한다. 금융기관이 담보를 잡고 돈을 빌려주는 전당포 수준을 넘으려면 이러한 개발금융 선진기법을 원용할 필요가 있다. 특히 창업지원에 효과적일 것이다.

기업가들도 신년사에서 이구동성으로 '바꾸자'라고 하였다. 이건희 삼성 회장은 "변화", 정몽구 현대차 회장은 "혁신", 구본무 LG 회장은 "도전"을 각각 강조한 바 있다. 에너지를 원자에 가하면 핵 주변을 도는 전자가 낮은 궤도에서 높은 궤도로 점프하면서 불연속적으로 생기는 양자화된 도약을 '퀀텀점프'라고 하는 물리학 개념이 경제학에 차용되었다. '퀀텀점프'가 말의 성찬으로 끝나지 않으려면 기업은 물론 기업 활동을 지원하는 정부와 기업에 인재를 공급하는 교육기관의 변화와 혁신과 도전이 필수적이다.

고려대 경제인회 「고우경제」 2017 봄호 권두언

사회안전망(Social Safety Nets)이란 대학(大學)에 나오는 "노노(老老) 장장(長長) 휼고(恤孤)의 혈구지도(絜矩之道)"와 같다. 즉, 노인을 노인답게 모시고, 어른을 어른답게 모시며, 외롭고 홀로된 고아나 노인은 정부와 사회가 구휼하여 안전한 사회를 만드는 시스템이다.

정부차원의 1차 사회안전망은 국민연금, 의료보험, 산재보험, 고용보험 등 4대 사회보험이다. 2차 사회안전망은 기초생활보장제와 공공근로사업이다. 3차 안전망은 긴급구호이다. 여기까지는 소극적인 사회안전망에 불과하지만, 정부의 1·2·3차 사회안전망 사각지대에 있는 취약계층의 복지가 문제이다. 따라서 민간차원의 복지재단은 정부복지의 혜택을 받지 못하는 사각지대를 밝히는 복지활동을 하는 것이 바람직하다.

적극적 사회안전망이란 복지수혜자들이 자립할 수 있도록 도와주는 시스템이다. 즉, 그들이 일자리를 확보할 수 있도록 정부와 사회가 시스템적으로 도와주는 것이다. 일자리는

교육-고용-복지 시스템 연동을 통한 사회안전망 구축

개인차원에서 생계유지를 위한 생존의 문제이며, 사회차원에서 양극화 해소를 위한 사회통합의 문제이므로 일할 수 있는 사람은 일할 수 있도록 도와주는 적극적 사회안전망이 필요하다. 교육시스템, 고용시스템, 그리고 복지시스템이 연동되어야 가능하다.

첫째, 교육시스템의 혁신

교육정책이 고용정책과 연동되어야 제대로 작동할 수 있다. OECD 통계에 의하면 한국의 상대적 임금지수는 고등학교 졸업자 평균 임금을 100으로 하여 환산(2014년 기준 25~64세 성인인구)하면, 전문대졸자는 112, 대졸자는 145이다. 과잉교육을 유발하는 학력별 임금격차를 합리적으로 조정할 필요가 있다.

대학졸업생의 절반 이상이 졸업하자마자 청년실업자가 되는 시스템을 그대로 두고, 대학을 향해 학생들을 한 줄로 세우는 모노레일(mono-rail)교육 체제와 복잡한 대학입시 제도를 유지하는 것을 보면 교육정책철학이 있다고 보기 어렵다. 학생들이 자기에게 맞는 길을 골라서 걸을 수 있는 멀티트랙(multi-track) 교육 체제로 바꾸어야 한다. 중학생들이나 고등학생들이 자유학기제를 통해 직업세계를 탐방하는 데 그칠 것이 아니라, 직업전문대학에 가서 직업교육을 받을 수 있어야 한다. 일·학습 듀얼시스템도 고등학교와 전문대학과 일반대학에서 여러 형태로 운영될 수 있어야 한다.

학업을 중도에 포기하고 사회에 나간 "잊혀버린 청년들"에게 패자부활의 기회를 주기 위해서 뿐만 아니라, 일하면서 공부하는 사람들과 4차 산업혁명과 장수고령화시대를 맞아 제2의 커리어나 제3의 커리어를 개척할 수 있도록 고등교육기관 중심의 평생교육시스템을 본격적으로 가동해야 할 때이다.

둘째, 고용시스템의 혁신

정부가 공공부문의 확대를 통해 직접 일자리를 창출하면 국민이 막대한 세금을 부담해야 한다. 공공부문이 비대해질수록 규제가 늘어나서 민간부문이 위축될 수밖에 없는 구조적 함정을 피해야 한다. 정부 부처와 공공기관의 재구조화를 통해서 인력재배치를 하고 모자라는 인력을 충원하는 것으로 그쳐야 한다.

정부는 기업이 일자리 창출의 주역이 될 수 있도록 기업을 육성해야 한다. 육성은 못할지라도 억압하지는 말아야 한다. 정권이 바뀔 때마다 기업인이 집권층의 눈치를 봐야하는 정치스트레스를 원천적으로 제거해야 기업의 투자를 촉진하여 고용을 증대시킬 수 있다. 기업은 동일노동 가치에 대해 비정규직의 임금이 정규직에 비해 평균 53.5%(2016년 8월 통계청 발표)에 불과한 현상을 대폭적으로 개선해야 사회양극화를 완화시킬 수 있다.

중소기업이 중견기업이 되고, 중견기업이 대기업이 될 수 있어야 일자리가 늘어날 수 있다. 기업규모가 커지면 일정기간 인센티브를 주어야 기업이 제자리를 잡을 수 있는데, 거꾸로 불이익을 주고 있다. 중소기업이 중견기업이 되면 규제가 늘고, 중견기업이 대기업이 되면 규제가 느는 제도는 폐기되어야 기업규모를 키울 수 있다. 국회가 입법적으로 풀어야 할 규제와 정부가 행정적으로 풀어야 할 규제를 찾아서 각각 풀어야 한다.

청년창업으로 일자리를 늘리려면 기업과 대학이 협업하여 기업가정신(entrepreneurship)교육과 창업역량을 함양하는 교육을 해야 한다. 미국의 실리콘 밸리처럼 창업활동을 활발하게 할 수 있도록 인프라와 서비스도 국제적 수준으로 구축해야 한다.

셋째, 복지시스템의 혁신

구휼복지가 필요한 사람은 구휼복지를 제공해야 하지만, 구휼복지와 일자리복지를 병행할 필요가 있다. 일할 능력이 부족한 사람에게는 직업능력개발복지가 필요하다. 일할 능력은 있지만, 일할 의지가 부족한 사람에게는 동기유발복지가 필요하다. 복지수혜자가 직업을 가지면 구휼복지를 갑자기 중단하기 때문에 복지수혜에 안주하려는 경향이 있다. 따라서 그들이 일자리를 구하면 일정기간 인센티브를 제공하여 자립할 수 있도록 시간을 주어야 한다.

"만약 백성이 떳떳한 생업이 없으면(若民則無恒産) 그로 인해 떳떳한 마음이 없어진다(因無恒心). 만일 떳떳한 마음이 없어지면(苟無恒心) 방탕하고 아첨하며 사악하고 사치스러운 짓(放邪侈)을 그만두지 못할 것(無不爲己)이니, 백성이 이로 인해 죄를 짓고(及陷於罪然後), 그래서 이들을 형벌에 처한다면(從而刑之), 이는 백성에게 형벌을 주기 위해 그물망질을 하는 것이다(是罔民也)." 맹자가 국정최고책임자에게 주는 충고는 지금도 유효하다.

청년들은 떳떳한 직업이 있어야 결혼할 수 있다. 그들이 희망을 가질 수 있도록 일자리복지의 구현을 통해 적극적인 사회안전망을 구축하는 것이 필요하다. 포퓰리즘 복지는 국가부도를 재촉할 뿐이다.

고려대 경제인회 「고우경제」 2017 봄호 권두언

지지부진하던 외국교육기관의 설립이 관련법 통과와 시행령 입법 예고로 활성화될 조짐을 보이고 있다. 경제자유구역 내 외국교육기관으로는 송도국제학교(가칭), 상하이국제학교 등 두 곳이 있다. 인천 송도에서는 2100명 규모의 유치원, 초·중·고교를 2008년 9월 개교 목표로 추진하고 있으며, 영종도에서는 상하이 영국국제학교가 1056명 규모로 2007년 말에 유치원, 초·중학교를, 2008년 9월에 고등학교 개교를 추진하고 있다.

입법 예고에 따르면, 경제자유구역이나 제주 국제자유도시에 신설될 국제학교는 정원의 10%까지 내국인이 입학할 수 있고 개교 이후 5년 동안 국내 학생을 정원의 30%까지 받을 수 있다. 또 원칙적으로 국내 학생을 한 명도 받을 수 없는 기존의 외국교육기관이 그 지역으로 옮겨갈 경우에도 재학생 수의 2% 범위에서 국내 학생을 뽑을 수 있다. 예를 들어, 1000명 정원의 학교가 일반 지역에서 경제자유구역으로 옮겨갈 때 2%인 20명만 내국인 학생 입학을 허용한다

경제자유구역 국제학교 더 개방적으로 운영해야

는 것이다. 그러나 2%만으로는 학생들의 인종적 문화적 다양성을 기대할 수 없으므로 신설 외국교육기관 수준으로 내국인 입학을 허용하는 것이 옳다. 또 정부는 내국인 학생 최대 구성비율의 가이드라인만 제시하고 각급 학교가 자율적으로 정하도록 하는 것이 바람직하다.

한편, 초등 1~2학년은 국어와 바른생활, 초등 3학년부터 고등학교는 국어, 국사를 포함한 사회 등 최소 2개 교과 이상을 주당 각 2시간 이상 내국인 학생이 이수하면 국내 학력을 인정하도록 하였는데, 외국인 학생들에게도 국내 학력을 인정하는 것이 필요하다. 그래야 외국인 학생의 국내 대학 진학을 촉진하여 국내 대학의 국제화에 기여하고, 내국인 학생의 외국 유학을 억제하는 기제로 작용할 수 있다.

당초 국제학교 설립에 반대한 일부 단체들은 영리를 목적으로 한 부실한 학교가 유치되어 학생들이 피해를 볼 것이라는 우려를 제기하였다. 이러한 우려를 불식시키기 위해서는 국제적인 수준으로 교육의 질을 제공할 수 있는 학교를 유치해야 할 뿐만 아니라, 이 학교들이 안정적으로 정착할 수 있도록 도와줄 필요가 있다. 그러기 위해서는 특성화가 되어 있는 다수의 국제적인 학교가 설립되어 학생에게는 학교 선택의 자유를 주어야 하고, 학교는 교육의 질 경쟁을 할 수 있도록 학교 운영의 자율권이 보장되어야 한다.

경제자유구역 내 국제학교 설립을 반대하였던 분들이 누구보다도 국제학교를 칭찬할 수 있도록 학교가 운영되어야 한다. 그러기 위해서 국제학교는 단위학교 책임 경영이 어떻게 이루어지는지 국내학교 운영진들에게 보여줄 필요가 있다. 학생들을 위한 수준별 맞춤교육에 필요한 교육과정 개발을 통해 학교 교육만으로 온전한 교육이 가능하다는 것도 보여줄 책무가 있다.

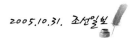

2005.10.31. 조선일보

한국이 기능 강국임을 세계로부터 또 다시 인정받았다. 지난주 캐나다에서 열린 제40회 국제기능올림픽에서 한국의 젊은이들이 45종목 중 절반이 넘는 23개 부문에서 금(13)·은(5)·동(5)메달을 골고루 획득해 종합 우승을 차지했다. 1977년 처음 우승했던 한국이 일본 독일 영국 스위스 이탈리아 등 선진 강국들을 제치고 16번 우승을 기록한 것은 국가적 경사다.

전문계 고졸자인 기능인들이 우대받고 성공할 수 있도록 사회적 여건을 만들어야 선진 강국이 될 수 있다. 그렇게 하려면 최소한 다음 세 가지 변화를 만들어내야 한다.

첫째, 기능인이 자긍심을 가질 수 있도록 학력간 임금 격차를 합리적으로 조정할 필요가 있다. 올해 노동부 임금구조 기본통계에 따르면 고졸자와 전문대졸자의 임금 차이는 미미한 반면, 고졸자 및 전문대졸자와 4년제 대학 졸업 이상자의 임금 격차는 매우 큰 것으로 나타났다. 2008년 학력별 1년 미만 경력자의

기능올림픽 16번 우승 의의와 과제

월평균 급여액은 고졸자의 임금지수를 100으로 할 때, 중졸 이하자는 85.4, 전문대학 졸업자는 108, 그리고 4년제 대학 졸업 이상자는 148.5다. 학력이 아니라 성과에 따라 보상하는 임금체계가 정립된다면 전문계 고교 졸업생들이 기능인으로 성공할 수 있는 사회적 기반이 되며, 학력 중심의 사회에서 능력 중심의 사회로 패러다임을 전환할 수 있는 기틀이 마련된다.

둘째, 대학을 향한 한 줄 세우기 교육에서 재능과 소질에 따라 여러 줄 밟기(multi-track) 교육으로 시스템을 바꾸고, 중학교 때 철저한 직업진로교육을 실시해야 한다. 기능올림픽에서 한국보다 뒤처졌지만 여전히 선진 강국으로 자타가 인정하는 유럽 국가에서는 기능인들이 사회적 대접을 받고 있다. 그들은 중학교까지 직업진로교육을 철저히 받고 고교부터는 인문계·기술계·기능계로 분류해 여러 줄 밟기 교육을 받아 다수가 기능인의 길을 택하고 있다.

독일은 초등학교 4학년을 마치고 진로를 결정하지만, 프랑스 핀란드 스웨덴 덴마크 등 대부분의 유럽 국가들은 중학교를 마치고 학생들이 진로를 결정한다. 프랑스는 초등학교가 5년제이고 중학교가 4년제이며 중학교 마지막 학년 때 직업진로교육에 집중한다. 핀란드와 스웨덴은 초등학교와 중학교가 통합된 9년제이며 무학년제로 운영되고 9년 만에 졸업을 하지 못하면 1년 더 다닐 수 있다. 덴마크는 초등학교 1학년부터 중학교 3학년까지 동일한 담임교사가 9년 동안 학생을 지도 관찰한 결과를 토대로 학부모와의 상담을 통해 학생의 진로를 결정한다. 대졸 실업자가 넘치고 있지만 전문계 고교의 대학진학률이 70%를 넘도록 부추긴 과거 정부의 실패한 정책을 과감히 폐기하고, 직업진로교육시스템을 개혁해야 한국이 선진 강국으로 도약할 수 있다.

셋째, 기업의 산학협력이 대학뿐만 아니라 전문계 고교로 확산돼야 한다. 한국의 기업들은 대학과의 산학협력은 활발한 편이지만 전문계 고교와의 산학협력은 그렇지 못하다. 대학과의 산학협력을 통해 원천 기술을 개발하는 일만큼 중요한 것이 현장 경쟁력의 원천인 기능인력의 확보·유지·개발이다. 삼성전자의 이재용 전무가 기능올림픽 현장을 방문해 "제조업의 힘은 현장에 있고, 현장 경쟁력은 기능 인력에서 나온다"고 발언한 것은 매우 고무적이다. 기업에서 기능인을 우대하는 풍토를 만들겠다는 약속으로 들리기 때문이다.

아울러 기능인력의 중요성에 대한 기업 경영인의 인식 변화가 향후 기업이 대학뿐 아니라 전문계 고교와의 활발한 산학협력을 하는 기폭제로 작동된다면 기업과 전문계 고교는 한국을 선진 강국으로 만드는 멋스러운 파트너가 될 것이다.

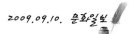

2009.09.10. 문화일보

청년근로층 감소, 세 가지 원인별 대책

현재 약 1,000만명의 청년근로층이 30년 후에는 절반 수준으로 떨어질 것이란 전망이 나왔다. 문화일보가 통계청의 미래 인구추계와 연령대별 고용률을 이용, 2010년 이후 취업자를 추정한 결과다. 노동 구조 개선을 위한 저출산·고령화에 대한 중장기 대책이 절실함을 보여준다. 원인을 규명해 보면 대책이 보인다. 저출산의 원인은 크게 나누어 세 가지로 집약된다.

첫째, 아이를 낳아도 돌봐줄 이가 없고 재정 지원도 열악하다. 중산층이 두터워야 사회가 안정된다는 것이 정설이다. 그럼에도 불구하고 한국은 아이를 가진 중산층을 지원하는 규모가 임금 대비 1%로 호주의 17.6%, 이탈리아의 13.9%에 비해 턱없이 부족하고, 경제협력개발기구(OECD) 평균인 9.1%에도 미달이다.

둘째, 교육비가 무서워 아이 낳기를 피한다. 대학에 보내기 위해 초등학교 입학 전부터 사교육비를 부담해야 하지만, OECD 회원국 중 등록금 2위인 한국의 대학에 들어가도 어학연수 등 취업을 위한 사교육비 부담은 여전하다.

셋째, 아이를 낳아서 기르게 되면 여성의 경력이 단절된다. 결혼한 여성들이 출산을 꺼리는 중요한 이유다. 출산휴가나 육아휴가를 제대로 받을 수 있는 탄탄한 직장이 드물고, 아이를 낳아서 기른 여성들이 취업을 하려고 할 때 매력적인 조건이 전혀 보이지 않는다.

원인별 중장기 과제와 대책은 다음과 같다.

첫째, 아이를 돌볼 수 있는 프로그램을 동네와 학교에서 만들어야 한다. 시·군·구가 학령전 아이를 돌봐줄 아동돌봄센터를 동네마다 운영하는 것이다. 문화센터나 마을회관 등 기존 시설을 활용하면 된다. 교육청은 학령기 아동들을 돌볼 수 있도록 학교의 방과전 프로그램, 방과후 프로그램을 아동돌봄 프로그램으로 바꿔 부모들이 일터에서 돌아와 아이들을 데리고 갈 수 있는 시간까지 학교에서 아동을 돌볼 수 있도록 하는 것이다. 아이들을 돌보는 인력은 전문직으로 퇴직한 고령인력을 재교육해 활용하면 될 것이다.

둘째, 대학 교육비는 '취업후 학자금 상환정책'으로 해결됐다. 중·고생 사교육비 절감은 EBS 방송이 스타강사를 초빙하고 방송 강의의 70%를 수능에 출제하겠다는 대책을 내놓았다. 그렇지만 아직도 학교 교육 과정은 구조적으로 사교육을 유발하는 체제로 남아 있다. 언어탐구를 종합적으로 가르치는 사교육으로 쏠리게 만든 교육과정의 구조적 결함을 고쳐야 공교육이 정상화되고 사교육 부담이 경감된다.

장기적으로, 교육비가 많이 드는 대학을 가지 않고 고등학교만 졸업해도 잘 살 수 있는 사회를 만들어야 한다. 그러기 위해 대통령이 야심적으로 추진하고 있는 마이스터고교가 성공해야 한다. 그러기 위해서는 학력별 편차가 심한 노동 시장 임금구조가 합리적으로 조정돼야 한다. 5인 이상 사업체 근로자 대상 임금구조를 보면 고졸 100을 기준

219

으로 할 때, 전문대졸 103.6, 대졸 157.7 이기 때문이다.

셋째, 출산한 저소득층을 지원하는 복지정책에 안주하지 말고, 출산한 중산층을 적극 지원하는 정책을 OECD 회원국 평균 이상으로 높여 중산층에도 출산 열망을 심어주어야 한다. 단기적으로 출산한 여성에게 취업역량을 개발해주고, 중기적으로 공무원과 공기업 사원 채용 시험을 필기 위주에서 수행 역량 중심으로 바꿔 취업에 인센티브를 주어야 한다.

공공부문의 채용 방식이 바뀌면 사기업도 역량 중심으로 채용 방식이 바뀌어 경력 단절 여성들이 복귀할 기회가 열릴 수 있다. 임신한 부부에게 보금자리주택 청약자격을 주는 정책처럼, 장기적으로 임신한 부부나 아이를 많이 낳은 부부가 취업이나 재취업, 창업과 전업에서 매력적인 지원을 받을 수 있는 정책이 나오면 저출산·고령화를 극복할 수 있다.

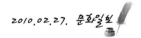

2010.02.27. 문화일보

고학력 일자리 미스매치의 5대 해법

최근 문화일보 분석에 따르면 2월 중 '사실상 백수'는 275만여명으로 나타났다. 그리고 통계청의 2월 고용동향을 보면 15~29세의 청년실업률은 10.0%나 된다. 그 반면 대학생 수는 20년 새 2배 이상 늘어 지난해 307만명을 넘어섰다. 이들 수치는 일자리 미스매치 해소가 국가적 과제임을 새삼 확인시켜 준다.

고용 없는 성장과 국내 대기업 생산기지의 해외 이전으로 인해 대졸자의 일자리가 늘지 않는 상황에서, 고졸자의 84%가 대학에 진학해 학력 인플레로 인한 대졸자의 구직난과 중소기업의 구인난이 교차되고 있다. 이는 과거 정부들의 정책 실패에 기인한 구조적 문제다. 청년과 기업 간 인력 미스매치의 원인별 대책을 제시해 본다.

첫째, 졸업정원제 실패로 대학 정원이 늘어났고, 선거 때마다 정당들이 대학 유치 공약을 내걸어 신설했으며, 나아가 대학 설립 준칙주의를 채택해 대학을 과다하게 설립했지만 부실 대학의 퇴로를 마련하지 못해

양적 미스매치가 발생하고 있다. 부실 대학은 과감하게 퇴출시키고, 앞으로 10년 후면 고교 졸업자가 40% 감소하기 때문에 지금부터 대학 정원을 점차 절반 이하로 줄여 나가야 한다.

둘째, 대학입학 예비고사 제도를 폐지해 대부분의 선진국이 실시하는 고교 졸업자격시험 혹은 대입 자격시험 제도가 없기 때문에 대학수학능력을 검증받지 않은 고교 졸업자가 대학에 진학한다. 게다가 대학 재학생들에 대한 질적 관리도 부실하다. 전문대학은 실무 위주의 교육 과정으로 편성해 일하다가 수능시험 없이 언제든 입학할 수 있도록 평생교육 체제를 확립하고, 대학은 수능성적으로 대학 진학 자격을 주어 입학의 질을 관리하는 동시에 대학에서도 교육의 질을 철저히 관리하도록 유도해야 질적 미스매치를 해소할 수 있다.

셋째, 대학의 전공이 공급자 위주로 돼 있어 취업자의 경우도 전공 일치도가 낮아 질적 미스매치의 원인이 되고 있다. 2009년 대졸 취업자의 경우, 전공일치도가 인문계 42.5%, 사회계 57.6%, 자연계 59.2% 등으로 매우 낮다. 인력 수요자인 산업계가 학교의 전공과 교육과정 개발 및 교육에 참여하고, 학생들에게 실습 기회를 제공토록 하여 질적 미스매치를 해소해야 한다. 대학은 캐나다처럼 학생들이 1년에 1학기는 실습을 제대로 받을 수 있도록 연간 2학기제를 3학기제로 개편할 필요가 있다.

넷째, 능력주의 아닌 학력주의의 팽배로 대학을 가야 제대로 대접받는다는 사회적 인식과 더불어, 학력 간 임금 격차와 사회적 차별이 대학 진학을 부추기고 있다. 게다가 일단 대학을 졸업하면 기대치가 높아져 중소기업을 외면하기 때문에 양적 미스매치 문제가 생긴다. 독일 고교생의 50% 정도는 일주일에 하루를 학교에서 공부하고 나흘은 중소기업에서 일하며 마이스터의 길을 가기 때문에 대학을 굳이 가지 않아도 행복한 미래를 만들어 간다. 국민의 의식이 바뀌어야 가능한 일이다. 대통령이 3월 2일 개교식에 직접 참석한 한국형 마이스터고가 반드시 성공하도록 제도적·실질적으로 뒷받침해야 국민의 의식이 바뀔 것이다.

다섯째, 영국에서 초·중·고 교육은 복지 차원에서 아동·학교·가족부에서, 고등교육과 직업교육은 국가 경쟁력 차원에서 비즈니스·혁신·기능부에서 관장한다. 한국에서는 거의 대부분 교육과학기술부가 관장하고 있다. 교과부가 관장하는 대학들에 비해 지경부와 노동부 산하 대학들의 취업률이 상대적으로 매우 높다. 국가 경쟁력 제고 차원에서 대학 특성별로 교과부가 타 부처에 위탁 관리하는 정책을 도입할 필요가 있다. 특히 국내 고용의 한계상황에서 해외 취업과 창업을 특화하는 대학을 육성하려면 관련 부처 위탁이 효과적일 것이다.

2010.03.23. 문화일보

학력 인플레 완화 위한 2가지 방안

경제협력개발기구(OECD)가 4일 발표한 자료에 따르면 대한민국의 25~34세 대졸자 비율은 1위이나 취업률은 최하위권으로 나타났다. 고학력자를 위한 국내외의 일자리 창출은 국가적으로 필요하지만, 학력 인플레가 심한 것도 사실이다. 일자리와 눈높이 간의 미스매치도 고학력 인플레의 한 요인으로, 대졸자의 구직난과 중소기업의 구인난이 교차하고 있다.

한국의 경우 대학 진학을 목적으로 하는 일반계 고등학생이 약 75%이고, 취업을 목적으로 하는 특성화고(옛 전문계 고교) 재학생이 약 25%다. 그렇지만 특성화고 졸업생의 70% 이상이 대학에 진학, 전체 고교 졸업자의 대학진학률은 84%에 육박하기 때문에 16% 정도만 취업전선에 뛰어들고 있다. 유럽 국가 고교 졸업생의 60~70%가 고졸 노동시장에 진출하는 것과는 너무나 대조적이다. 또한 유럽 대학에서는 교육의 질 관리를 철저히 하여 대학졸업률이 50% 미만이기 때문에 대학 졸업자가 사회 수

요를 초과하지 않는다.

하지만 한국에서는 대학 졸업자가 사회 수요를 초과해 대졸 청년 실업이 사회적 문제가 되고 있다. 이 문제를 야기한 학력 인플레를 해소하기 위해 경쟁력 없는 대학은 퇴출시켜야 한다는 목소리가 높다. 전문대를 포함, 전체 294개 사립대학의 약 10%인 29개교가 신입생 충원율이 70%에 미치지 못하고 있다. 이로 인해 대학의 재정은 더 악화하고 교육의 질도 떨어져 대학의 존립이 위태롭다. 만약 대학이 파산이라도 하게 되면 그 피해는 학생과 학부모에게 고스란히 돌아간다.

2016년이 되면 고교 졸업자 수가 대학입학 정원보다 적어지는 역전현상이 발생하게 되는 점을 감안한다면 사립대학이 자율적으로 구조조정을 할 수 있도록 출구전략을 사전에 마련해야 한다. 부실 대학의 출구를 열기 위해 김선동 한나라당 의원이 지난 5월 대표발의한 '사립대학 구조개선의 촉진 및 지원에 관한 법률안'이 5개월이 지난 지금도 상임위원회에 계류 중이다. 조속한 시일 내에 이 법안이 제정돼 대학의 교육 경쟁력을 제고하고 학력 인플레 해소에 기여할 수 있기 바란다.

부실 대학의 퇴출 경로를 마련해 대학 정원을 적정선으로 조정하고, 대학을 가지 않고도 사회적으로 대우받는 직업인으로 살아갈 수 있도록 직업교육을 활성화할 필요가 있다.

취업과 연계된 마이스터고의 육성과 더불어 내년부터 장학금을 받지 못하는 특성화고 학생 전원에게 전액 장학금을 주어 직업인으로 사회에 진출할 수 있도록 대통령이 최근 결단을 내린 것은 직업교육 활성화의 신호탄으로 보인다. 직업교육 활성화를 통해 학력 인플레를 본격적으로 해소하기 위해서는 대통령의 결단을 기업과 지자체, 그리고 중앙정부가 체계적으로 뒷받침할 필요가 있다. 그것은 직업교육을 도

와주는 기업에 지자체가 인센티브를 제공하고, 그 지자체에 중앙정부가 인센티브를 제공하는 선순환적 방안이다.

독일의 경우 60% 이상의 고교생이 직업교육을 받고 있다. 약 15%의 학생은 전일제 특성화고교에서 이론과 실습교육을 받고, 약 45%는 주당 3~4일은 기업에서 도제훈련을 받으며, 1~2일은 학교에서 이론교육을 받는다. 독일 기업의 약 25%가 도제훈련에 참가하고 있다. 도제식 기능인 양성에 필요한 재정의 70%를 기업이 부담하고, 30%를 정부가 부담한다.

한국 기업은 이제 "기업이 필요한 인재를 학교가 양성하지 못한다"고 불평·불만만 토로할 게 아니라, 독일 기업처럼 과감하게 직업교육에 투자해야 한다. 직업교육에 투자하는 기업에 지자체와 중앙정부가 선순환적으로 인센티브를 제공한다면 직업교육도 살리고 학력인플레도 잡을 수 있다.

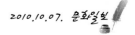

2010.10.07. 문화일보

이제 열흘 후면 을미(乙未)년이 가고 병신(丙申)년 새해가 밝는다. 새해가 되면 사람들은 "복 많이 받으세요"라고 인사를 하지만, "복 많이 지으세요"라고 덕담을 하는 사람들도 있다. 복을 지으려면 어떻게 해야 할까?

복에는 다섯 가지가 있다. 이승우 선생으로부터 들은 오복(五福)의 진정한 의미를 필자가 도산아카데미 제298호에서 다음과 같이 인용한 바 있다. "첫째, 수(壽)는 그저 오래 사는 것이 복이 아니라, 자기에게 부여된 하늘의 뜻(天命)을 알고 이를 실천하며 사는 것이 복이다. 둘째, 부(富)는 돈만 모아 부자가 되는 것이 복이 아니라, 만족할 줄 아는 것이 복이다. 재산을 두고 다투는 형제자매들은 부로 인한 복을 얻은 것이 아니라 부로 인한 화(禍)를 입는다. 셋째, 강녕(康寧)은 하늘의 뜻을 알아 몸과 마음이 편안한 복이다. 몸과 마음이 조화를 이루어 순리대로 사는 복이다. 넷째, 유호덕(攸好德)은 덕으로 기뻐하는 사람이 가지는 복이다. 덕이 내

새해,
오복五福을
짓는 방법

227

삶의 기본이며, 남을 도와주었다고 자랑하는 삶은 덕이 있는 삶이 아니다. 다섯째, 고종명(考終命)은 하늘의 뜻대로 살아 언제 죽어도 한이 없는 사람이 가지는 복이다. 즉, 생명의 신비를 이해하여 생사를 초월한 삶을 사는 사람의 복이다."

수(壽)의 복을 지으려면 심신이 건강해야 한다. 식물인간으로 오래 사는 것을 수복(壽福)이라고 간주할 수 없기 때문이다. 건강하게 사는 차원에서 더 나아가, 이 땅에 태어났을 때 하늘이 자신에게 부여한 천명(天命)이 무엇인지 알아서 자기의 존재가치를 발휘하고 돌아가는 것이 진정한 수복을 짓는다고 할 수 있다. 비록 짧은 생을 마쳤지만 영원히 이름을 날리는 사람들은 천명을 실천했기 때문이다. 천명을 실천하는 것은 일과 직결되어 있다. 하늘이 정치가에게 준 천명과 기업가에게 준 천명이 다를 것이다. 천명을 찾아 실천할 일에 관한 가치관 교육이 필요하다.

부(富)의 복을 짓는 것은 간단치 않다. 정상적인 방법으로 부를 축적하지 않고 비정상적인 방법으로 부를 축적하려고 하는 사람들은 불행한 일을 당하기 마련이다. 정상적인 방법으로 부를 쌓는 방법을 익힐 경제교육과 금융교육이 필요하다.

부모로부터 재산을 물려받지 않는 형제자매들은 싸울 일이 없는데, 부모로부터 재산을 많이 물려받은 형제자매들은 서로 더 받으려고 싸우는 경우가 허다하다. 자식들 간의 재산다툼과 경영권다툼은 법정에 까지 가고 있다. 부에 대한 사람의 욕심이 끝이 없음을 보여주는데, 왜 부가 복이 될까? 스스로 만족할 때에만 부가 복이 되지, 불만족 하면 부가 화로 바뀔 수밖에 없다는 것을 간과하기 때문이다. 안분자족(安分自足)하는 부의 철학교육도 필요하다.

강녕(康寧)의 복을 지으려면 심신을 단련하는 체육교육, 마음을 수양하는 예술교육과 문학교육이 필수적이다. 체육공부는 인내하는 마음을 길러주고, 음악공부는 조화로운 마음을 길러주며, 미술공부는 상상하는 마음을 길러주고, 문학공부는 사색하는 마음을 길러준다. 조화와 순리의 교육은 학생들을 강녕할 수 있도록 도와줄 수 있다.

유호덕(攸好德)의 복을 지으려면 생색내지 말고 베풀어야 한다. 베풀었다고 생색을 내면 덕이 쌓이지 않고 사라지기 때문이다. "하늘이 춘하추동 사계절을 운행하여 만물을 살리지만, 절대로 생색을 내는 법이 없다"는 공자님의 말씀과, "오른 손이 한 것을 왼손이 모르게 하라"는 예수님의 말씀과 같은 이치이다. 어려운 이에게 베푸는 것은 삶의 기술이다. 더불어 사는 윤리교육이 필요한 이유이다. 고종명(考終命)의 복을 지으려면 언제 죽어도 후회하지 않을 삶을 사는 것이 필요하다. "사람아 사람아 사람이면 사람이냐, 사람이 사람다워야 사람이지 사람아(人人人人 人人人人)"의 전인교육을 충분히 받아서 체화해야 가능한 일이다. 새해에 도전해 볼 만한 복 짓기 방법이다.

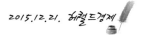

2015.12.21. 헤럴드경제

휴머니즘의 동물학

나는 동물행동학자들의 관찰 연구 보고서인 '휴머니즘의 동물학'(비투스 B. 드뢰셔 지음, 이영희 옮김, 이마고)이란 책을 애독한다. 이 책을 읽으면 겸손해질 수 있다. '인간만이 도구를 유일하게 사용한다'는 주장이 허구임을 알게 되기 때문이다.

딱따구리되새는 선인장 가시로 애벌레를 찔러서 먹는다. 선인장 가시를 젓가락으로 사용하는 셈이다. 바다수달은 돌을 이용하여 조개, 소라, 전복 등을 깨어서 먹는다. 인간과 동물이 사용하는 도구의 수준이 다른 것은 인간은 도구를 만들 수 있지만, 동물은 자연 그대로를 도구로 활용하는 차이가 있음을 알게 된다.

인간세상은 부부갈등과 이혼 문제로 몸살을 앓고 있다. 경기가 불황이면 이혼율이 증가한다는 보도가 사람들을 더욱 우울하게 만들고 있다. 경제위기에 부부가 힘을 합해 어려움을 극복하려고 노력하기보다는 쉽게 갈라서고 있는 현실이 안타깝다. 부모들의 이혼으로 인해 자식들이 고통 받고 있으며 사회적 비용 또한

만만치 않다. 동물세상은 다르다. 인간의 자식들이 부모의 부부싸움이
나 이혼으로 아픔을 겪지만, 동물의 자식들은 그 피해로부터 비켜나
있다. 인간의 자식들보다는 동물의 자식들이 더 행복함에도 불구하고
인간들이 야만적인 행동을 하면 동물적이라고 비난한다. 깊은 바다 밑
에는 일부일처제로 살아가는 망둑어가 있다. 망둑어 수컷은 동굴 속에
갇힌 채 암 망둑어가 산란한 알이 잘 부화되도록 돌보고 외부침입자들
을 막는다.

　비버 수컷은 새끼 비버에게 나무를 자르고 집을 짓는 방법을 가르친
다. 많은 동물 부모는 일의 분담을 통해 자녀를 키우고 가르친다. 들
개와 늑대 어미는 육아를, 아비는 게임의 규칙과 사냥법에 관한 교육
을 담당한다. 오색딱따구리 어미는 암컷 새끼를, 아비는 수컷 새끼를
각각 통할한다. 악어새는 수컷이 외도를 하면 귀여운 새끼들로 하여금
사랑스러운 소리로 부성애를 일깨워 둥지로 돌아오도록 만든다. 동물
의 가정적인 일면을 볼 수 있다.

　동물들이 사회적이라는 증거는 그들 나름의 규칙이 있다는 것이다.
나일악어는 경쟁자끼리 싸울 때 패배를 인정한 적은 결코 죽이지 않는
다는 규칙을 지킨다. 방울뱀은 다른 종과 싸울 때는 독니를 사용하지
만 자기들끼리 결투할 때는 치명적인 독니를 사용하지 않는다는 규칙
을 지킨다는 것이 관찰되었다. 늑대나 돌고래는 공동체 생활을 하고
있다. 만약 늑대 무리의 우두머리가 횡포를 부리거나 무능력하게 되면
그 밑의 늑대들이 힘을 합쳐 쫓아내고 다른 자를 우두머리로 선택하는
사회성을 보여준다. 흰올빼미는 주된 식량인 레밍이 부족한 때에는 새
끼를 낳지 않는다. 낳은 다음에 굶겨 죽이는 불행을 사전에 예방하는
지혜를 발휘한다.

　만약 동물들의 사회적 호감과 결합 본능을 위기에 빠진 인간들이 학

231

습한다면, 가정과 학교는 물론 사회에서 인간세상은 갈등으로 인한 고통보다는 조화로운 삶을 영위할 수 있는 상생정신을 발휘할 수 있을 것이다.

이 책을 읽고 나서 책상 앞에 '오버하지 말자. 겸손하자'라는 문구를 붙여 놓고 마음을 가다듬고 있다.

2009.04.17. 세계일보

대한민국 국보 1호 숭례문(崇禮門)이 만 5년 3개월 만에 우리의 품으로 돌아왔다. 박대통령은 지난 4일 복구 기념식에서 "숭례문의 부활은 단순한 문화재의 복구 차원의 의미를 넘어서 우리 민족의 긍지를 되살리고 새로운 희망의 문, 새 시대의 문이 열릴 것이라고 믿는다"고 했다.

문화융성의 새 시대를 열려면 새로운 문화를 창조해야지만, 문화재의 혼을 살리고 건축물의 윤리성을 높일 필요도 있다. 건축물의 윤리성이란 새로운 건축물이 들어설 때 주변 환경과 조화되는 정도를 일컫는다.

숭례문에서 서울시청을 보면 가슴이 답답하다. 신(新)청사와 구(舊)청사가 부조화를 보여주고 있기 때문이다. 숭례문에서 차를 타고 서울시청 앞을 지나보면 새 청사 건축물의 윤리성이 빈곤함을 실감할 수 있다. 일제 침탈의 역사적 상징물인 구청사를 철거하거나, 다른 장소로 이전하여 교훈으로 삼는다면 새 청사와 주변 환경과의 조화 정도가 향상되어 건축물의 윤리성이 살아날 것이다.

문화재 '魂'
살려야
문화융성
꽃 핀다

숭례문 옆의 재래시장을 생각하면 가슴이 답답한 것은 마찬가지이다. 국보1호 옆에 있으면서도 숭례문시장이 아니라 남대문시장이기 때문이다. 문화성이 결핍된 명칭으로 인한 또 다른 부조화이다. 숭례문의 혼(魂)을 담아 남대문시장을 숭례문시장으로 바꾸면 시장 이름과 대문 이름과의 부조화가 극복되고, 명칭의 문화성이 되살아나 브랜드 가치를 높일 수 있다. '예(禮)를 숭상(崇尙)하자'는 숭례문의 정신을 기리는 이름을 가진 재래시장을 찾는 내국인은 물론 외국인들도 한국문화가치의 우수성을 인식할 수 있게 만드는 문화마케팅이 가능해진다.

과거 일본제국주의 침략자들은 언어와 문화 말살정책으로 한국인들에게 한국어와 한글을 사용하지 못하게 하고 일본어를 사용하도록 강요했다. 심지어 성명까지 일본식으로 창씨개명(創氏改名)할 것을 강요했다. 그런 일제가 한민족의 우수성이 돋보이는 우리 문화를 폄훼하여 창경궁을 창경원이라는 동물원으로 만들었다. 일제 강점기인 1943년 6월 10일에 행정구역으로 구(區)제가 실시됐다고 역사학자인 최영창 기자가 일러주었다. 침략자들은 구의 명칭을 만들 적에 흥인지문(興仁之門)과 돈의문(敦義門) 현판에 새겨진 정식명칭 대신에 속칭인 동대문(東大門)과 서대문(西大門)을 각각 차용했다. 그리하여 한민족의 문화적 우수성이 돋보이는 흥인문구와 돈의문구가 아닌 동대문구와 서대문구가 되었다. 재래시장 명칭도 숭례문시장이 아닌 남대문시장으로, 흥인문시장이 아닌 동대문시장이 됐다.

조선왕조시대의 '한양'이 일제에 의해 '경성'으로 바뀌었고, 대한민국 정부가 수립되어 '서울'로 바뀌었다. '경성'을 '서울'로 바꿀 때, 동대문구는 '어진 것(仁)을 일으키자(興)'는 흥인문의 혼(魂)을 담아 흥인문구로 바꾸고, 서대문구는 '옳은 것(義)을 돈독(敦篤)히 하자'는 돈의문의 혼을 담아 돈의문구로 바꿔 일제의 잔영을 당연히 털었어야 했다.

2013년에 새 정부가 출범하면서 행정안전부를 안전행정부로 바꾸었다. 안전을 강조하기 위한 상징성을 중앙행정부처 이름에 반영한 것이다. 중앙부처 명칭이 중요하다면 자치구 명칭 또한 중요하다. 동대문구청과 서대문구청 등 단순히 방향을 나타내는 명칭을 문화가 깃든 흥인문구청과 돈의문구청 등으로 바꾸는 것은 행정구역 명칭의 문화성을 제고하는 일이다.

건축물의 윤리성을 높이고 문화재 관련 명칭에 인(仁)·의(義)·예(禮)를 담는 일은 부조화를 극복하고 침략자들의 잔재를 청산하는 일이다. 중앙정부와 지방정부가 협력하여 겨레의 긍지를 살리는 문화융성의 길을 열면 정치(政治)의 본딧말인 인정예치(仁政禮治)가 구현되어 대한민국이 세계의 문화중심국가로 우뚝 설 수 있다.

2013.05.20. 허럴드경제

'대추·밤·감' 주례사

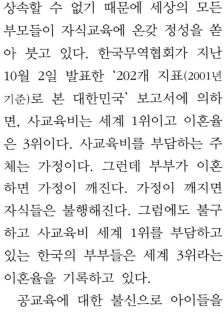

재산은 상속할 수 있어도 지식은 상속할 수 없기 때문에 세상의 모든 부모들이 자식교육에 온갖 정성을 쏟아 붓고 있다. 한국무역협회가 지난 10월 2일 발표한 '202개 지표(2001년 기준)로 본 대한민국' 보고서에 의하면, 사교육비는 세계 1위이고 이혼율은 3위이다. 사교육비를 부담하는 주체는 가정이다. 그런데 부부가 이혼하면 가정이 깨진다. 가정이 깨지면 자식들은 불행해진다. 그럼에도 불구하고 사교육비 세계 1위를 부담하고 있는 한국의 부부들은 세계 3위라는 이혼율을 기록하고 있다.

공교육에 대한 불신으로 아이들을 사교육에 맡기면 될 것이라는 생각에 교육비 부담은 세계 1위가 되었을 것으로 짐작된다. 그러나 부부관계는 어디에 맡겨서 해결할 수 있는 문제가 아니라 스스로 해결해야 한다. 이혼율이 점차 높아 가기 때문에 제자들의 결혼식 주례를 맡기가 두렵다. 그렇지만 주례를 꼭 서야 할 경우에 나는 '대추·밤·감' 삼실과 주례사를 하고 있다.

신랑 신부가 혼인을 하고 처음으로

폐백인사를 드릴 때 어른들은 '대추·밤·감'을 신랑 신부에게 주면서 행복하게 살기를 기원한다. 감이 없을 때는 곶감으로 대신한다. 이런 풍습은 지구촌시대에 우리가 세계에 자랑할 만한 민족 고유의 전통문화이다. 집안 행사에서 삼실과를 사용하는 이유는 가풍에 따라 여러 가지가 있을 수 있지만, 나는 혼인을 하는 신랑 신부에게 삼실과가 가정생활에 주는 의미를 되새기라고 다음과 같이 부탁한다.

대추는 꽃을 피우면 반드시 열매를 맺는다. 따라서 부부는 결혼하면 자식을 생산하여 종을 보존하고 대를 이어나가야 한다는 메시지가 대추에 담겨져 있다. 대부분의 다른 과일은 비바람이 몹시 몰아치면 익기 전에 땅으로 떨어진다. 그러나 대추는 비바람이 세차게 불면 불수록 잘 여무는 특성이 있다. 세상의 모든 부부는 정도의 차이는 있지만 누구나 어려운 일을 당하기 마련이다. 어떤 부부는 이를 지혜롭게 극복하여 삶의 보람을 맛보지만, 어떤 부부는 세파를 이기지 못하여 괴로움에 처하게 된다. 비바람에 시달리면 시달릴수록 더 꿋꿋하게 열매를 맺는 대추를 보고 세파를 견뎌나가며 부부생활을 원만하게 하여야 한다. 즉, 대추를 생각할 때마다 부부가 어떤 어려운 일에 직면하더라도 가정을 지키며 서로 이해하고 격려하며 꿋꿋이 살아야 한다는 것이다. 부부가 서로 이해하려면 서로 다른 것을 인정해야 한다. 많은 사람들은 다른 것 (different)과 틀린 것(wrong)을 구분하지 못하고, 자기와 다르면 틀렸다고 하는 데, 다른 것과 틀린 것은 다르다. 부부는 서로 다르다는 것을 인정해야 역지사지(易地思之)의 입장에서 행복한 가정을 만들 수 있다.

거의 모든 식물은 씨앗을 뿌리면 씨앗에서 떡잎이 먼저 난 뒤에 뿌리가 난다. 그러나 뿌리가 나고 줄기가 난 다음에 떡잎이 나는 식물이 있는데, 그것이 바로 밤나무다. 밤은 자식들에게 "뿌리 없는 줄기와 잎은 없듯이, 부모의 존재 없이 자식이 태어날 수 없다"라는 부모와 자식을

연결하는 인륜의 끈을 상기시켜주는 의미가 있다. 한편 부모들에게 "씨앗이 양분을 공급하여 뿌리가 나고 줄기와 잎이 나는 것이니, 부모는 씨앗의 역할을 다하여 자식들을 잘 키워야 한다"라는 부모역할의 중요성을 일깨워 주는 의미가 있다. 신랑 신부는 결혼을 통해 시부모와 처부모를 새롭게 맞이한다. 또한 자식을 낳게 되면 자신들 스스로가 부모가 된다. 밤을 거울삼아 부모를 잘 모시는 한편, 나아가 자신들이 2세를 생산하면 부모역할을 제대로 해야 된다는 것을 밤나무에서 배울 수 있을 것이다.

콩을 심은 곳에는 콩이 나고, 팥을 심은 곳에는 팥이 난다. 그러나 감씨를 심으면 감나무가 되지 않고 감보다 조그만 열매가 달리는 고욤나무가 된다. 고욤나무를 감나무로 만들기 위해서는 고욤나무가 어느 정도 성장하였을 때 밑둥을 잘라내고, 좋은 감나무의 가지를 꺾어다가 접을 붙여야 비로소 감나무가 된다. 접을 붙이는 감나무 가지를 고를 때 열매가 좋고 병충해에 튼튼한 최상품의 감나무인가를 확인한다. 그래야 나중에 자기가 원하는 감을 수확할 수 있기 때문이다. 부모가 자식을 낳아서 기를 때, 아이들을 좋은 인재로 키우기 위해서는, 좋은 감나무를 만들기 위해 접을 붙이는 노력을 해야 한다. 고욤나무 밑둥을 자르는 아픔을 견뎌야 하는 것은 부모나 자식이나 마찬가지이다. 가정에서 자식을 이상적인 인간상으로 키우기 위해서, 부모는 고욤나무 밑둥을 잘라내고 좋은 감나무 가지를 꺾어다 접을 붙이는 심정으로 자식을 교육시켜야 한다는 뜻이 담겨져 있다. 자식을 공교육기관이나 사교육기관에 맡기고 교육비만 부담하는 것으로 자식교육의 본분을 다했다고 생각하면 오산이다. 교육의 근본은 가정에서 비롯된다. 기초공사가 튼튼해야 건축물이 안전하듯, 가정교육이 제대로 되어야 가정이 튼튼해지고 학교도, 직장도, 사회도, 국가도 튼튼해질 수 있다.

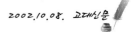

2002.10.08. 고대신문

'대추·밤·감'의 문화적 해석

한민족의 명절인 추석 준비에 바쁜 한 주간이다. 추석에 조상을 기리는 제사는 한국의 문화풍습이다. 프란치스코 교황이 지난 16일 서울 광화문광장에서 모친의 제사를 거부하여 순교했던 윤지충 등 순교자 124위에 대한 시복 미사를 집전하였다.

윤지충은 모친이 돌아가시자 당시 가톨릭 교리를 따르려고 위패를 불태우며 제사를 거부한 이유로 국문을 받았다. 그는 위패를 불태운 행위를 자신의 과오로 인정하지 않았고, 천주교 교리에 따른 정당한 일이라고 주장했다가 사형을 당했다. 그는 1791년에 동서 문화충돌의 희생자로 순교자가 되었다가 2014년에 교황에 의해 복자로 부활했다.

천주교가 처음 한국에 전해질 당시에 제사를 조상신 숭배라고 판단했던 로마 가톨릭 교황청이 입장을 바꾸어, 제사를 '효(孝)의 한국적 표현'으로 받아들였기 때문에 지금은 제사를 허용한다. 제사상에는 '대추·밤·감'을 반드시 올린다. 혹자는 대추는 씨가 하나이므로 왕을 상징하

고, 밤은 한 송이가 세 톨이라 삼정승을 상징하며, 감은 씨가 여섯 개이므로 육판서를 상징하므로 제사상에 올린다고 해석한다. 조상을 기리는 효의 표현인 의식에 '왕·삼정승·육판서'를 각각 상징하는 과일을 제물로 올린다고 해석하는 것은 다분히 카타르시스(catharsis)적 발상이다. 한편으로 이는 위정자들에게 주는 경계의 메시지일 수 있다. 조상에게 제사를 지낸 뒤에 왕조시대에 왕을 상징하는 대추, 왕의 명을 받아 국정을 집행하는 삼정승(三政丞)을 상징하는 밤, 그리고 육판서(六判書)를 상징하는 감을 씹어 먹는 백성들의 심정을 위정자들이 헤아려야한다는 경계이다. 위정자 자신들이나 붕당(朋黨)을 위한 정치가 아닌 백성을 위한 정치를 요구하는 정치문화적 해석도 가능하다.

　로마 가톨릭 교황청이 한국의 제사를 조상에 대한 '효 의식'으로 재해석한 것은 동서 문화의 화해이며 평화를 위한 실천적 행위이다. 제사를 지내는 것은 돌아가신 조상으로 하여금 제물을 흠향케 하기 보다는 제물을 통해 자손을 교육하기 위함이다. 대추는 제물로 올리는 필수적인 삼실과의 하나이지만 혼인 예식 중 폐백 때 어른들이 신랑신부에게 덕담과 함께 주는 과일이기도 하다. 물론 여기엔, 대추는 꽃을 피우면 반드시 열매를 맺으므로 자식을 낳아 대를 이어가라는 의미가 담겨있다. 다만 더 중요한 것은 대추는 비바람이 몰아칠수록 더 잘 영글기에 세상풍파를 대추처럼 꿋꿋하게 버텨나가면 비로소 좋은 삶의 결과를 얻을 수 있다는 의미다.

　'콩 심으면 콩 난다'는 법칙이 통하지 않는 것이 감이다. 감 씨앗을 심으면 감을 얻을 수 없고 고욤을 얻는다. 감의 씨앗으로 탄생된 고욤나무를 감나무로 변화시키기 위해서는 고욤나무가 밑동이 잘려지는 아픔을 견뎌야 한다. 밑동을 잘라낸 고욤나무에 튼실한 감나무의 가지를 꺾어서 접을 붙여야 비로소 감나무로 변화한다. 자식을 낳아서 그냥 두면 고욤나무처럼 되지만, 좋은 스승을 만나 교육을 통해 감나무로 변화시켜야 한다는 의미다.

씨앗으로부터 떡잎이 먼저 솟아나는 다른 과일나무들에 비해 뿌리부터 생기는 것이 밤이다. 뿌리가 나고 줄기가 나야 잎이 나는 것이 밤이다. 뿌리가 튼튼하게 자리를 잡아야 줄기가 잘 크므로 자식을 잘 키우려면 부모가 말보다는 행동으로 모범이 되어야 하며, 뿌리 없는 줄기가 없듯이 부모 없는 자식이 있을 수 없으므로 자식은 부모를 잘 공경해야 한다는 의미가 밤에 담겨 있다. 폐백 때 밤을 신랑신부에게 주는 이유도 부모 노릇 잘하고 효도하라는 의미이다.

가정과 기업이 튼튼해져야 나라가 튼튼해진다. 추석을 앞두고 '대추·밤·감'의 의미를 부모와 자식들이 곱씹어 보면 가정이 변할 것이고, 사장과 사원이 곱씹어 보면 기업이 변할 것이며, 공직자와 정치인들이 곱씹어 보면 나라가 변할 것이다.

2014.09.01. 헤럴드경제

설날 차례茶禮상에
노잣돈을
올리는 까닭은?

'설' 명절 연휴가 다가왔다. '설'은 시간적으로는 태음력으로 한해가 시작되는 새해 첫 날이자, 공간적으로는 부모와 자식이 만나고 형제자매가 만나며 조상과 자손이 만나는 첫 날임을 뜻하는 말이다.

새해 첫 날이 낯설기 때문에 '낯설다'에서 유래해서 '설'이 됐다는 해석도 있고, '설'이 나이를 세는 단위로 '살'로 바뀌게 돼 해가 바뀌면 '설'을 쉴 때마다 우리의 나이도 한 살씩 더 먹는다는 해석도 있다. 설 명절은 한해의 첫 소통이 이뤄지는 시간이다. 살아있는 사람들끼리의 소통도 있지만, 살아있는 자손과 돌아가신 조상이 차례라는 가족문화의식을 통해서 소통한다. 차례의식을 통해 우리 민족은 뿌리를 확인하고 조상과 소통하는 전통적인 문화가 있다. 차례나 제사를 모시는 사람을 전통문화계승자로 보는 이유가 여기에 있다. 차례나 제사에 대한 문화적 가치를 도외시하고, 오직 가사노동의 관점에서만 조명하기 때문에 최근에 이른바 '명절 증후군'이란 부정적인 현상으로 언론에 보도되고 있어 매우 안타깝다. 즉 명절 준비로 인해 과도한 스트레스를 받는 주부들이 명절 후유증으로 아프거나 가족불화를 겪게 되는 현상이 '명절 증후군'으로 묘사되고 있다.

부모 자식 사이는 일촌이고 형제자매 사이는 이촌이지만, 부부 사이는 남남처럼 촌수가 없는 무촌이다. 촌수가 무촌이면 혈연관계가 없다. 혈연관계가 없는 남편의 조상을 위한 차례준비를 하는 아내의 노력을 인정하고 보상하는 선조들의 지혜는 우리의 제사문화에도 절묘하게 나타나 있고, '명절 증후군'을 예방하는 처방도 담겨있다. 제사상 위에 올린 노잣돈이 바로 그것이다. 노잣돈은 여행비용이다.

우리 민족에게는 관혼상제(冠婚喪祭)에 찾아온 친척과 친지를 대접하고 노잣돈을 챙겨드리는 '봉제사 접빈객(奉祭祀 接賓客)'의 전통문화가 있다. 우리 민족은 살아있는 사람에게 노잣돈을 챙겨드릴 뿐만 아니라, 돌아가신 고인에게도 노잣돈을 챙겨드리는 문화가 있다.

장례를 치를 때 저승에 가는 노잣돈으로 동전을 고인의 입에 넣어주거나 관에 함께 넣는다. 돌아가신 조상의 영혼이 저승에서 이승으로 나들이하기 위해서는 여비가 필요하다고 생각해 제사상에 노잣돈을 올리는 가문도 있다. 주로 경제활동을 하는 남성들이 현금을 봉투에 넣어 제사상에 노잣돈으로 올린다. 제사가 끝나면 집안의 여성들 중 최고의 연장자가 제사상의 노잣돈을 거두어 제사준비에 참여한 여성들에게 골고루 분배한다. 제사준비를 한 여성들의 노고를 가문차원에서 인정하는 의식을 치르는 것이다. 제사상에 올렸든 음식이나 술을 나누어 먹는 행위를 음복(飮福)이라고 해 복을 받는 음식이라고 생각한다. 마찬가지로 제사상에 올렸던 돈을 나누어 가지면 복을 받는 돈으로 생각하기 때문에 며느리의 기분이 좋아지는 것이다. 이로써 며느리의 봉제사에 대한 인정이 이루어지게 되므로 피곤감도 어느 정도 사그

라질 수 있다.

남편과 아내의 입장에서 보면, 아내는 제사 후에 복이 들어오는 돈을 남편의 조상으로부터 받을 것이라는 기대감이 있으니 준비도 기분 좋게 할 수 있다. 여성이 결혼을 하면 남편 성으로 바꾸는 나라가 많지만, 한국 여성은 결혼해도 자기 성을 그대로 유지하기 때문에 아내는 성이 다른 시댁 조상을 모시는 제사를 가사노동차원에서 인식할 수 있다. 그러나 남편이 올린 노잣돈으로 제사 준비를 한 아내의 노고가 조상을 통해 상징적으로 인정된다면, 아내의 생각도 긍정적으로 바뀌어 전통문화계승자로서 자부심을 가질 수 있다.

노잣돈은 액수가 문제가 아니라 노고를 인정해주는 일종의 소통문화다. 이번 설 명절에 가장이 조상들의 지혜인 노잣돈의 문화적 의미를 인식하고 실천한다면 전통문화를 계승해 가족의 기(氣)를 살릴 수 있다. 기(氣)가 살면 한 살 씩 더 먹는 식구들이 행복해질 것이다.

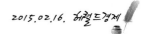

2015.02.16. 헤럴드경제

6·4 지방선거가 끝났다. 선거 기간 동안 후보자들이 이구동성으로 약속한 것을 종합하면, "저를 선택하면 아이들은 좋은 교육을 받게 될 것입니다. 아주 저렴한 가격으로 좋은 주거생활을 할 수 있고, 안전한 생활이 보장됩니다. 안전사고는 더 이상 일어나지 않을 것입니다. 삶을 풍요롭게 만드는 문화생활도 누릴 수 있습니다. 지역사회도 나라도 모두 튼튼해질 것입니다"라고 말하였다.

그렇지만 "제가 이 모든 것을 여러분께 드리기 위해서는 재원이 이 만큼 필요합니다. 저를 선택하면 세금 낼 각오를 단단히 해야 합니다."라고 말한 후보는 단 한 사람도 없었다.

유권자들의 감성을 자극하는 공약이 이성에 호소하는 공약보다 효과적이기 때문이다. 대개의 경우, 감성을 가장 잘 자극하는 후보자가 당선되기도 하지만, 경쟁자들의 분열이나 실수로 승리의 기회를 잡기도 한다. 교육감 선거의 경우가 그렇다.

중앙정부가 추진하는 교육정책노선과 다른 성향을 가진 시·도 교육

'창조의 시대' 꽃피우려면 자율문화는 필수

감이 많이 당선되어 교육정책 충돌을 우려하는 학부모들이 많다. 일선 학교를 교육부가 더 통제할 것인가 아니면 교육청이 더 통제할 것인가의 주도권 싸움을 하면 충돌할 수밖에 없다. 그렇지만 교육당국이 가진 통제의 패러다임을 단위학교 자율의 패러다임으로 바꾸면 충돌을 피할 수 있다.

교육청이 교육부로부터 위임받은 권한을 단위학교에 주지 않으면 교육자치가 유명무실해진다. 자율은 책임을 동반하기 때문에 대부분의 선진국은 단위학교 자율화가 활성화되어 있다. 만약 일선학교에 주어야 할 자율권을 주지 않고 교육청이 틀어쥐고 있는 한, 그 동안의 습관이 되어버린 통제행정을 새롭게 지원행정으로 바꾸는 것이 쉽지 않다.

행정이 바뀌려면 정부문화가 바뀌어야 한다. 비즈니스가 바뀌려면 기업문화가 바뀌어야 한다. 교육이 바뀌려면 학교문화가 바뀌어야 한다. 그리고 교육을 통해서 선진문화를 창달하려면 교육과정을 바꾸어야 한다. 학교의 교육과정은 물론 지역사회와 일터의 평생교육과정도 바꾸어야 한다. 사회문화를 학교교육과 지역사회교육, 기업교육과 공무원교육을 통해서 바꾸려면 몸에 체화되는 교육과정이 필요하다.

국가대개조론이 성공하려면 국가시스템을 개조해야할 뿐만 아니라, 바뀐 시스템이 온전히 작동할 수 있도록 선진문화를 창달해야 한다. 가장 효과적인 선진문화 창달 방법은 문화자본을 활용하는 데에 있다. 교육기관의 교육자보다 더 교육적인 영향력을 발휘하는 사회교육자는 문화자본을 만드는 사람들이다.

한 편의 드라마나 영화는 한 학기의 강의보다 더 영향력이 크다. 세계적으로 한류열풍을 불러일으킨 "대장금"이나 "겨울 연가", 그리고 "별에서 온 그대" 등은 모두 드라마이다. 문화자본의 힘이다.

　한국사회를 선진화하는 기제로 문화자본을 활용한다면 정부문화, 기업문화, 그리고 학교문화를 바꿀 수 있다. 문화융성을 위해서는 역사문화와 예술문화 뿐만 아니라 삶의 양식인 조직문화와 사회문화를 바꾸어야 한다. 대결과 투쟁의 사회문화를 대화와 상생의 사회문화로 바꾸려면 토론문화도 바꾸어야 한다. 사회적인 쟁점을 두고 토론할 적에 정파적 입장에서 대결하면 갈등과 분열만을 조장하게 된다.

2014.06.09. 헤럴드경제

문화융성·
관광대국·
학교교육의
방정식

문화융성으로 관광대국이 되려면 우선 관광문화 인프라가 바뀌어야 한다. 외국인 관광객들이 이용하는 식당에서 아직도 화장실용 두루마리 화장지를 냅킨 대용으로 사용하고 있는 곳이 있어서 민망하기 짝이 없다. 뿐만 아니라 식탁에서 고기를 자를 때 뾰족한 가위를 사용하고 있어 매우 위협적이다. 식당 주인들이 개선해야 할 일이지만, 관광 당국이 리더십을 발휘해야 할 부분이다.

한국인들이 외국으로 나가는 아웃바운드 관광상품에는 관광지 특유의 고급 공연문화 프로그램이 들어 있다. 반대로 외국인들이 한국으로 들어오는 인바운드 관광상품에는 우리 특유의 공연문화 프로그램이 없거나 빈약하다.

관광지별로 그 지역 이야기를 소재로 한 오페라나 연극의 상설 공연이 관광 프로그램에 없다. 지역 특유의 고급 공연문화 관광상품이 개발되면 관광은 더욱 부가가치를 높일 수 있다.

예를 들어, 제주도에는 공연문화를

관광상품화할 수 있는 독특한 이야기들이 있다. 그중에서도 조선왕조 정조 시대에 살았던 창의적 여성 기업가인 김만덕 이야기는 유명하다. 제주도의 가난한 집에서 태어나 조실부모한 뒤에 기생의 수양딸로 살다가 제주도 물품과 육지 물품을 교역하는 객주를 경영해 쌓은 재산을 기부, 기근에 시달렸던 제주도민을 살렸다. 김만덕 이야기는 이미 뮤지컬로 제작된 바 있지만 상설 공연은 없다. 제주도 신화 이야기인 '가믄장아기' 연극도 상설 공연이 없다. 제주도에만 있는 뮤지컬이나 연극을 제주 관광 프로그램으로 적극적으로 활용한다면 관광상품의 인기가 높아질 것이다.

역사나 신화 이야기를 소재로 한 공연문화 상품뿐만 아니라, 현대적 한류문화를 체험할 수 있는 프로그램을 개발할 필요가 있다. 가수 싸이의 '강남스타일'이 세계적인 히트를 쳤다. 서울 강남구에 '강남스타일'을 춤추고 노래할 수 있는 재미있는 관광 프로그램이 있다면 외국인 관광객들의 발길을 잡을 수 있을 것이다. 지역 관광문화 인프라 구축은 지자체의 몫이다.

텔레비전 연속극인 '대장금'이 세계의 시청자를 사로잡고 난 뒤 한식에 대한 세계인들의 관심이 높아진 것이 사실이다. 외국인 관광객들은 '대장금'에서 선보인 한국의 전통 가옥에서 전통 음식을 맛보고 싶어한다. 이런 관광객의 심리적 욕구를 채울 수 있는 문화 인프라도 깔아야 한다.

문화와 교육은 불가분의 관계다. 공연문화 인프라 구축은 학교에서부터 시작된다. 그 지역의 특색을 살리는 문화를 그 지역 학교의 정규 교육과정에서 다뤄질 수 있도록 하는 것이 교육 자치의 장점이다. 외국 초·중·고교에서는 학생들이 연극을 정규 교과목으로 선택해 이수할 수 있다. 연극 실기를 통해 그 지역의 역사와 문화를 체험하는 것

은 물론, 꿈과 끼를 키운다. 한국에서는 학생들이 과외활동을 통해서
만 연극활동을 할 수 있을 뿐이다. 정규 교과목으로 수강할 수 있도록
교육과정을 개혁할 필요가 있다. 지역의 역사와 문화를 아는 인재들이
양성돼야 훗날 지역의 문화를 이끌 수 있다.

　학교에서 식생활 교육을 통해 그 지역의 토속적인 한국요리의 문화
적 특성을 어릴 적부터 체험할 수 있도록 도와주면, 개인적으로 한식
조리명장의 꿈과 끼를 키울 수 있고 사회적으로 관광문화 발전에 기여
할 수 있다. 각자 꿈꾸는 인생 항로를 바르게 안내해주려면 삶과 동떨
어진 지식 중심 교육과정 개혁이 필수적이다. 삶과 밀착된 교육과정으
로 학교문화를 만들어서 학생들이 소질과 적성에 따라 저마다의 끼를
기를 수 있도록 해야 한다. 그래야 문화 융성이 가능하며 관광대국으
로도 연결될 수 있다.

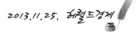

2013.11.25. 헤럴드경제

서애 류성룡 선생은 1592년에 발발한 임진왜란을 극복했던 영의정이고, 화산 권주 선생은 1504년에 일어난 갑자사화로 희생되었다가 신원되었던 경상관찰사이며, 김관용 선생은 2016년 현재 경북도지사이다. 김지사의 리더십으로 경북도청이 대구에서 안동으로 이전되었다.

지난 10일 헤럴드경제가 단독 보도한 '역사공원 조성 위해 역사 없애는 경북도개발공사' 기사를 서애가 읽는다면 어떤 반응을 보이실지 궁금하다. 경북도개발공사가 서애 류성룡 임란각을 건립할 "역사공원을 조성하기 위해, 지난해 10월 한국의 12번째 유네스코 지정 세계기록유산으로 등재됐던 '유교책판' 중 270여장의 목판을 쓴 화산 권주의 묘소를 강제로 이전하라고 요구"했기 때문이다.

서애 류성룡과 화산 권주는 퇴계 이황과 교육으로 연결된 역사문화스토리가 있다. 서애 류성룡은 퇴계 이황에게 배웠고, 퇴계는 화산 권주의 아들인 사락정 권질 선생으로부터

영의정·
관찰사·
도지사

배웠다. 장인인 권질로부터 물려받은 퇴계의 집이 필동에 있었기에 필동을 지나는 도로를 퇴계로라고 명명했다.

경북도개발공사는 역사공원을 조성하면서 역사적 의미가 있는 화산선생의 역사흔적을 훼손하려고 하고 있다. 토지수용 특별법이란 칼자루를 쥐고 있는 경북도개발공사는 지방문화재로 지정된 화산신도비와 화산이 강의했던 선원강당은 그대로 두고 화산의 묘소만 이장하라고 요구하는 모순을 들어내어 화산문중과 지역학계의 반발을 사고 있다.

서애를 기리는 역사공원을 만들면서 화산의 유적을 온전히 보전하지 않게 되면, 서애와 화산과 퇴계가 연결되는 역사문화스토리를 소멸시키는 우(愚)를 범할 뿐만 아니라, 불필요한 갈등과 분열을 야기 시킬 우려가 있다.

이는 갈등과 분열이 아닌 통합의 리더십을 발휘한 서애가 원하는 바가 아닐 것이다. 차제에 공직자들은 백성이 즐거운 마음으로 따르도록 만드는 서애의 리더십을 학습할 필요가 있다. 서애의 '징비록'에서 찾을 수 있는 공직수행 리더십 7가지 역량은 다음과 같다.

첫째, 명과 왜의 조선 분할 획책을 분쇄하고, 명의 조선 직할 통치 시도를 봉쇄한 독립자강(獨立自彊)의 국가 비전을 제시한 역량이다.

둘째, 임진왜란을 극복하는 데 혁혁한 공을 세운 이순신 장군과 권율장군을 발탁한 인사역량이다.

셋째, 군국기무(軍國機務)로 안보불감증을 경고하고 정예군을 길러 나라를 지킨다는 정병주의를 실현하며 여진족 누르하치의 발흥에 대비한 선제적 국방전략 수립역량이다.

넷째, 선조가 의주에서 명으로 피난가려고 하자 "조선 땅에서 한걸음이라도 벗어나면 그 순간부터 조선은 우리나라가 아니다"라고 설득하여 망명을 막고 명나라 장수 이여송이 후퇴하려고 하자 "조선은 분할되고 요동이 위협받는다"고 설득하여 후퇴를 막은 소통역량이다.

다섯째, 임진왜란 중인 1593년 4월에 왜는 명에게 조선 8도중에서 남쪽 4도의 분할을 요구하는 비밀강화협상을 했고 명은 한강 이북의 북쪽 4도를 차지하여 요동방어의 울타리로 사용하려 했지만, 명 황제의 기패(旗牌) 참배를 거부하며 이를 저지하여 위기를 돌파한 외교역량이다.

여섯째, 백성이 즐거운 마음으로 따르도록 만드는 사회통합 정책역량이다. 약탈로 군량미를 확보하는 악습을 없애고 공명첩으로 군량미를 조달하여 민심을 얻었다. 훈련도감을 설치하고 대동수미법을 실시하여 사회양극화를 해소하는 사회통합 정책역량을 보여주었다.

일곱째, 물러설 때를 알고 후대를 교육하는 역량이다. 영의정에서 파직된 다음 날 서울을 떠나 하회로 가서 임금의 부름을 사양하고 저술 활동을 하며 후학을 양성하는 교육에 전념하였다.

이 논란을 계기로 문화체육관광부가 역사문화스토리가 있는 장소를 관광자원으로 활용하는 정책을 확산한다면 관광대국으로 발돋움 할 수 있고, 교육부가 학생들에게 국난극복 리더십을 심어줄 수 있는 교육을 실시한다면 안보강국으로 우뚝 설 수 있을 것이다.

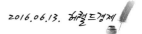

2016.06.13. 헤럴드경제

※ 2016년 7월27일 법원의 화해 권고에 의해 화산 권주 경상도관찰사 부부 묘는 현장 존치됐다.

저자 소개

고려대학교 권대봉(權大鳳) 교수 Korea University Prof. Dae-Bong Kwon, Ph.D

고려대학교에서 교육학을 전공하고 쌍용그룹에서 8년간 일한 후, Michigan Vocational Education & Career Education Resource Center에서 조교로 근무하면서 1989년에 미시간주립대학교에서 철학박사학위(Doctor of Philosophy in Adult & Continuing Education)를 받았다.

서울대 · 고려대 · 연세대에 출강했고, 미시간주립대 교육행정학과 · 국민대 교양과정부 · 고려대 교육학과 교수로 재직했다. 미시간주립대 국제전문인과정(VIPP) Founding Director, 고려대학교 사회교육원장 · 교육대학원장 · 사범대학장 · 교육문제연구소장, 한국인력개발학회장, 한국평생교육학회장, 한국지역인적자원개발학회장을 역임했다.

교육인적자원부 주요업무평가위원회 위원장, 노동부 직업능력개발전문위원회 위원, 한국직업능력개발원 제5대 원장, 2017 대한민국 인재상 중앙심사위원회 위원장을 지냈다.

세계은행 Sri Lanka Skills Development Project 컨설턴트와 방글라데시 재무부 Skills for Employment Investment Program의 정책국제자문역(International Policy Advisor)으로 개발도상국 발전에 참여했고, ASEM LLL Research Network에서 활동하고 있다.

창작집으로 〈글로벌 인재의 조건〉과 〈교육대통령, 말은 쉽지만〉이 있다.

권대봉 교수의 사회칼럼
청와대의 격

초판발행	2018년 2월 23일
중판발행	2018년 10월 26일
지은이	권대봉
펴낸이	안종만
편 집	김효선
기획/마케팅	이선경
표지디자인	권효진
제 작	우인도 · 고철민
펴낸곳	(주) **박영사**
	서울특별시 종로구 새문안로3길 36, 1601
	등록 1959. 3. 11. 제300-1959-1호(倫)
전 화	02)733-6771
f a x	02)736-4818
e-mail	pys@pybook.co.kr
homepage	www.pybook.co.kr
ISBN	979-11-303-0563-9 03300

* 잘못된 책은 바꿔드립니다. 본서의 무단복제행위를 금합니다.
* 저자와 협의하여 인지첩부를 생략합니다.

정 가 16,000원